AQUARIUS

AQUARIUS

AQUARIUS

AQUARIUS

Vision

一些人物，
一些視野，
一些觀點，
與一個全新的遠景！

向高牆說不

黃益中

【推薦序一】

當我們站在高牆前

呂欣潔（性別與政治工作者、婚姻平權大平台總召）

這陣子以來，台灣的婚姻平權運動受到國際上極大的關注，光是去年的十一、十二月，國際媒體就報導了兩百三十七則和台灣婚姻平權有關的議題，橫越了五大洲。其中有非常多的媒體都有一個共同的問題——「台灣為什麼有條件成為亞洲第一個在政治議程上能討論婚姻平權的國家？」

我的回答總是：「民主制度」與「性別平等教育」是兩項台灣非常重要的資產，讓我們成為亞洲進步人權議題的領頭羊。

台灣從一九八七年解嚴以來，各種公共議題的公民團體蓬勃發展，也間接或直接地促成了一九九六年第一次總統的直選，從此，讓我們走向了人人一票、票票平等的民主社會，政府不再是「官」，人民就此學著做個真正國家的主人。

而如同益中在書中所提及二〇〇〇年的葉永鋕事件，當時的婦女團體與教改團體，共同聯手將《性別平等教育法》的推過，讓今日二十世代的青年們從基礎教育中去理解性別平等，去認識同性戀、異性戀、雙性戀、跨性別的朋友們，他們可能是你的同學、親人、鄰居甚至老師，或許還是你自己。

這樣的基礎教育，創造出在當今的二十世代間，對於婚姻平權的支持率高達超過百分之八十五，同時這個世代對於兩性平等的概念也更加能夠接受。更進一步去了解，許多對於婚姻平權支持的民眾，他們並不只是支持「同志」權益，而是出生於一個民主的時代，平等、自由與包容異己根本就和陽光、空氣、水一樣的自然。

十年前，支持婚姻平權的民調還不超過百分之二十五，至今則已平均超過了百分之五十。民主制度和基礎教育對於人民的影響有多深遠與重大，我想，這也是益中這些年不斷地以教育工作者的身分站出來發聲，將更多教育現場的現狀與公民素養培養的重要性跟社會說明的重要原因。

如果在教育部編撰字典中查詢「為人師表」，你可以得到「學識品德可做為人們學習的榜樣。」這樣看起來非常傳統與制式的答案。然而，我認為教育，不只是單純的教授知識，不只是讓自己成為學生學習的榜樣，更重要的是培養下一代面對未來生活的能力與胸襟，同時協助與陪伴學生去認識自己與他人。

過去的時代，我們對老師總有一種奇妙的想像，或你也可說是一種特定的框架。益中雖然完全不符合那些傳統對老師的想像或框架，但他對於教育的投入，與以身作則鼓勵學生為自己發聲的熱情，我認為令人非常印象深刻。益中做為一個異性戀者，總是不放棄任何一個為同志發聲的機會，甚至在婚禮上都趁機大力推廣婚姻平權，讓雙方親友都上了一堂火熱熱的公民課，令人敬佩。

我記得有次和益中在某個社運場合一邊抗議，一邊聊著天，我問他，像他這樣優質的男生，常常為同志發聲，難道不擔心被很多同志愛上，甚至產生性幻想嗎？我之所以會這樣詢問，是因為在我的經驗中，非常多異性戀男性，對於男同志的「青睞」，總表現出非常抗拒或極度害怕的樣子。益中大笑著回覆我，有人表達好感對自己來說總是正向的訊息，「更何況再多的男同志示好也不會讓我愛上男人，大家都還是很好的朋友啊！」這樣健康的態度，提醒了許多的異性戀男性，性別議題不只是身為婦女或身為同志才能投入，一個性別平等的社會，更是需要異性戀男性一同來打造，才能走向真正的平等。

除了為自己的理念和所信仰的價值發聲之外，我認為益中更是為未來的教育工作者，打開了一條更加寬廣和豐富的道路。這些年我跟著台灣同志諮詢熱線協會在全台灣走透透，遇到非常多不同樣貌的基層老師，其中不乏交差了事的老師，但當然也有不少希望為學生多做一點，但遭受許多「上層壓力」而左右為難的老師。過去那些「老師必須要中立」、「避免政治入侵校園」、「老師不能參加政治活動」等等的不成文規範，讓許多老師都噤了聲，失去了身為公民的權利。

當教育工作者失去了思辨的能力，還能教育出能夠思辨的下一代嗎？

所以我在此也期許，有機會教育下一代的你，不論你的身分是老師、教授、家長，當我們比我們的下一代先一步站在高牆前的時候，我們不是選擇轉身離開，也不是選擇就地坐下等待，而是起身試著翻越高牆或讓高牆倒下，我們或我們的下一代，才有可能持續地往前行。

【推薦序二】

高牆下，孤獨而堅毅的行者們

邱顯智（雲谷南榕法律事務所律師）

「一個國家如果沒有正義，就猶如強盜集團。」——奧古斯丁（Aurelius Augustinus）

一個老師對學生的影響，可以是非常巨大的。

認識黃益中應該是在四、五年前，我應邀到大直高中演講鄭性澤案。當時關注鄭案的人並不多，看到一群高中老師，他們非常熱切地希望學生能夠知道這樣的死刑冤錯案，並且於演講過後，許多學生還寫信給當時人在台中看守所待決的鄭性澤，鼓勵他為自己的無辜戰鬥下去。做為鄭案律師團的一員，實在有著無限的感動。

像黃益中這樣熱血的公民老師，一直讓我想起我的母校，嘉義高中公民老師——林瑞霞。我在九〇年代初期念高中，在那剛解嚴不久，蔣公銅像到處林立，刑法一百條還存在的年代，林老師就在課堂講述許多關於自由民主的思想，還有二二八、白色恐怖、五二〇、鄭南榕等議題，我記得每次林老師上完課，訓導主任就會來課堂上消毒，訓誡我們不要聽信林老師的話。當時才十六、七歲的我們，當然可以理解老師在學校艱難的處境。

我印象最深刻的是，老師在課堂上播放華隆關廠女工抗爭的紀錄片。一群媽媽在鶯歌車站集合，為了華隆公司無預警關廠而北上抗爭。這是我第一次看到所謂的抗爭畫面，整個紀錄片詳細記錄了這群媽媽求告無門，眼淚無處流，悲苦無依的處境。

二十年後，當我看到關廠工人被政府告，在徵求律師，腦中馬上閃過這部紀錄片，閃過我那位當時懷了雙胞胎的高中公民老師，挺著大肚子告訴大家：「看完這部片，我希望各位同學能夠體會弱勢者的辛苦。有朝一日，或許你們也可以成為這些人的依靠。」

於是我決定拿起電話，參加關廠工人案的義務律師團。

二〇〇九年秋天，我從德國暫時中止博士班學業，回台灣結婚。一日，載著新婚妻子到嘉義街上買麵包。我一邊吃著麵包，一邊跟太太介紹自己曾經求學的城市，剎那間，看到眼前一幕，我的眼淚馬上掉下來。太太錯愕地看著我，問道：「難道是去國多年，終於吃到台灣的麵包，太感動了？」

其實，我是看到了我的老師，林瑞霞。

我看見我的老師，一個人騎著腳踏車，上面插著她的宣傳旗，孤單卻堅定地踩著她的步伐，正在進行議員的選戰。看著老師的背影，我想到林老師身為一個現代的公民，屢屢以身作則，參與多次選舉。她一次又一次，屢敗屢戰，堅持不懈，親身實踐一個公民的權利與責任。

林老師的精神當然也深深影響了我，直接影響我二〇一六年以第三勢力候選人的身分，投入新竹市立委的選舉。這當然是一場非常艱困的選戰，而本書的作者，黃益中，正是背後堅定支持著我的最重要力量之一。每到週末，黃老師便騎著他的五十ＣＣ小綿羊到我的競選辦公室，從早到晚，在新竹的大街小巷聲嘶力竭地拉票、助選。直到深夜，他才拖著疲憊的步伐回到台北。

我當然知道，他這麼做是希望能夠改變台灣的政治環境，為下一代的幸福努力。

像黃益中這樣的公民老師，是許多現代台灣熱情老師的縮影。這些年，從巢運到太陽花，從洪仲丘案到軍法廢除，從司法改革到婚姻平權，我看到黃益中跟他的同事們不斷以自身的熱情與行動力，在校園內外努力地傳播公民運動的理念，也深刻地影響了台灣年輕的一代。而這本書，正是記錄這些艱辛而精彩的努力。

我知道，像黃益中這樣的老師，會像我的老師林瑞霞，在保守的教育體系內，受到許多挫折、打擊與反撲。然而，如果我們希望未來的台灣，是堅守法治主義與民主精神，讓每個人都能活在一個更公平、更有人性尊嚴、更幸福環境中的台灣，那麼這樣的老師，以及他所傳遞的思想，就一定是公民社會所不可或缺的。

我很榮幸，也非常感恩，能和這群老師生活在同一個國度裡，我也非常誠摯地向大家推薦，黃益中《向高牆說不》這本書。

一個國家的民主能否永續，絕非依靠權威的賞賜，而是取決於公民意識是否強大。從林瑞霞到黃益中，我看到台灣一代又一代的公民老師，以他們的堅持與勇氣，勇敢地向高牆說不，讓自由的理念、人權的意識、法治的精神，深植在台灣這塊土地上。

我知道，在我們這個威權體制轉型的新興民主國家，像黃益中這樣，在台灣各個學校的角落，以自己的理想推進公民意識的老師，他所面對的環境是如此艱難而孤獨。但是，只要想到有他們，就覺得台灣的未來充滿希望。

【推薦序三】

教育，飛越高牆的解方

徐仁斌（基隆市建德國中校長、基隆家扶中心課輔志工）

很多人不知道，益中其實是我十多年交情的好友，我跟他不但是就讀師大的學長學弟關係，更是當兵時預官班的同梯弟兄。

益中是教師界「不乖」的代表，和我有著極大反差，我們共同點是公民教師，而且一樣熱血。白天，我們各在不同的學校工作；晚上，他撰寫文章、參加社會運動，為了實踐更理想的社會而努力著；我則是繼續在繁瑣的行政公務中，嘗試為學校師生創造最大的幸福。或許你跟我一樣，習慣透過各種媒體了解社會大小事，對於所謂的「公民參與」保持高度關心，卻也保持一定距離。

這幾年台灣的公民運動改變了社會脈動，從洪仲丘、大埔事件到太陽花學運，雖不若阿拉伯之春的政治動盪，卻也深深影響了台灣的教育現場。從「公民覺醒」到「公民不服從」，社會現象開始翻轉，最大的改變在於一般市井小民，尤其是年輕世代，更願意表達自己並參與社會。有時教育似乎背負著原罪，諸多社會問題都直指教育；然教育也被看成是無敵解方，各項重大議題都被要求從根本教育著手。身為公民教師，其實很樂見這樣的攪動，對於教育的各種可能也充滿著期待。

本書揭露諸多社會現實，讓身處教育現場的我們讀了暗暗叫好，卻又滿是遺憾。學用不均的現象、階級世代與城鄉差異、性平教育的迷思，看似各自獨立卻又環環相扣，本書要讓大眾理解這不是與生俱來的宿命，而是關乎人的價值，是文化和體制所造成。直指教育現場各種評鑑的荒謬之處，甚而發展成一種「產業」有其裙帶關係，這是不能說的祕密。學校行政大逃亡，原因從來都不是本職問題，而是過度外加與無限上綱的業務，制度的不友善迫使熱情迅速消耗殆盡。

回到學校現場，為何中學生不上哲學課？益中和我有著同樣的疑問。究竟我們教育者有沒有提供機會讓學生思考並且勇於表達？我們是否真誠地面對學生的詰問？翻轉教育究竟翻轉了什麼？應該不僅僅是教與學的概念，更須包括思辨與批判的自主學習力翻轉。二十多年前的四一〇教改究竟改了什麼？我們對一〇七課綱是否還有期待？偏鄉教育缺的從來不是設備，而是長期陪伴的老師。上述問題擲地有聲，不斷挑戰著讀者的思維。

文化資本的巨大差異究竟能否透過教育來抹平呢？答案顯而易見——並不容易，卻也不無可能。益中論述學生本位的教育，和保羅・弗雷勒（Paulo Freire）在《受壓迫者教育學》中所提相呼應，即教育本身應該要有兩個階段，一是覺醒，二是實踐。透過不斷對話與聯合，讓革新變成可能，教育的具體實踐不外乎如此了。我們無法改變學生的家庭環境，卻可以透過教育給他最豐厚的資產，即思考上的啟發，從而自覺與行動。公民教育在此顯得極為重要，讓學生尊重自己的價值，也能同理不同文化脈絡底下而成的歧異性，願意溝通與包容，共同尋求一種積極改變的契機。在這樣的基礎下，城鄉的交流不會是走馬看花而是相互學習，貧富差距不會是理所當然而是服務關懷，校園生活不會是成績掛帥而是百花齊放，社會議題不會是干卿底事而是感同身受。

漢娜・鄂蘭（Hannah Arendt）在《邪惡的平庸》揭示了教育者的責任，只要參與了執行，我們就有責任，儘管你沒有真正親手殺了人。面對校園文化或社會文化這堵隱形的高牆，傳統、威權、抗拒變革，我們需要的是解放自由的心靈，協助學生開拓視野與想像，這不正是教師的職責嗎？如果孩子有著無窮盡的創意與熱情，我們是否真誠鼓勵他們展現好奇心，是否給予空間大膽嘗試與創造？抑或是我們習慣以壓抑、貶抑的拒絕姿態，扼殺了各種可能？

保羅．弗雷勒在《希望教育學》中即開場表述：「進步的教育實踐可說永遠都在進行揭露真相的冒險。」這幾年我深深感受到益中不斷的自我進化，關心各項公共議題，維護人的價值，在批判之外，多了份自省與內在對話，並且勇敢地身體力行著。他在公民教育的路上不也正是秉持一貫的風格前進著、冒險著？唯有相信教育能、孩子能，他們才能往我們所相信的方向走去。我期許自己不但能向高牆說不，更能飛越它，你呢？

【自序】

公與義的社會，從校園扎根

「教育的目的應是教我們怎麼思考，而不是該思考什麼，應是改善我們的心智，好讓我們能為自己思考，而不是將他人的想法裝在我們的記憶裡。」——約翰．杜威（John Dewey）

人生總是充滿許多的意外。

我一直都是不受老師歡迎、所謂「叛逆」的學生，當年聯考考上師大公訓系，同學們都很訝異我怎麼會去當老師？我既沒愛心，又沒耐心，形象和「老師」壓根兒沾不上邊，也和大家普遍對老師的想像相差甚遠。

別說身邊的親朋好友，當上老師這件事也是我始料未及的。其實本來我是想當記者的，考量自己可能無法適應緊湊奔波的採訪生活，便選擇一個相對穩定，又可以每天閱讀新聞時事，並與人（學生）分享的工作——公民老師。

沒想到，當初為了擁有穩定生活才選擇的工作，後來卻因買不起房而走上街頭，成了他人口中「不在課堂、就在街頭的熱血老師」，還因此出版了《思辨：熱血教師的十堂公民課》，巡迴於全台。各種演講、活動、寫作，讓我跟預期的安定人生徹底絕緣。

其實我從來就不熱血，也不是什麼見義勇為之士，有的只是一些對社會議題的想法罷了。但在出書、演講的過程中，透過老師聽眾的反應，我強烈感受到了一股期待改變的力量。雖然早就知道教育現場可能遭遇的困境，但我不知道的是，原來這座高牆是如此堅不可摧、牢不可破。

記得我當年公費分發到偏鄉國中時，開學第一天就被叫去校長室約談，第一次與校長見面，他劈頭就訓了我十五分鐘，要我知道學校的規矩，「別以為沒人治得了你，像你這樣的老師我看多了。」就這樣，還沒上過課，我就已被視為不適任教師，唯一的理由，可能是當時我那「叛逆」的裝扮——留著染成黃褐色的中長髮，球鞋垮褲的外型。

老師們總在課堂上要學生們破除「刻板印象」，但實際上，我們卻老是盯上所謂「不乖」的學生，先是對他們產生偏見，再試圖將他們「導正」到老師心目中的正軌上。

「不太乖教育節」策展團隊曾拍了一支廣告《書包裡的未來》，影片裡的老師不斷檢

高牆不向說

查著學生的書包，若書包內放的不是教科書，學生就會被叫去罰站。這情節當然有點誇大，但不可否認地，它反映出的正是某部分校園管理者的心態，認為「乖」學生就是認真讀教科書。儘管他們不見得明說，但學生鐵定能感受到那獨尊考試升學的心態。

不只書包，服裝儀容更是師長矚目的重點，愛打扮、不合群的，更被歸類為叛逆、愛作亂的一群。「學生的本分就是唸書，其他的事等你們長大再說。」這是最常聽到的一句話。

試問，如果大人們因為學生年紀小而拒絕與之溝通對話，你又怎能期待這些學生長大後懂得民主思辨的素養？

阻礙學生從小的多元學習，禁止學生的美感穿著，把應該主動思考的教室變成只剩馴化的監牢。校園成了一道高牆，可怕的是，這座高牆更延伸到社會，繼續形塑威權穩定的重要性，彷彿一切只需要秩序，家庭社會就能美好再也沒有歧視。那些異議者，就打為反叛者吧。

如同《叛逆就是哲學的開始》一書所言，質疑人們一直以來認為正確的事情，發現前所未有的觀點，並建立新的價值觀與對世界的認知，正是哲學家一貫的做法。這樣的價值觀是劃時代創舉，於是給當時的人們帶來很大震撼，最後留名青史。諷刺的是，我們的教育正扮演著扼殺哲學家的角色，而我們仍認為聽話才是理所當然。

過去的教改被認為失敗，有個很大的原因是家長的觀念始終如一——仍然升學主義至上，強迫孩子違背自身意願，迎合家長不切實際的期待。如今翻轉教育盛行，老師重塑多元學習的重要性，這是新的契機，也是好的改變。但我仍要期待，真正翻轉的是學習的本質，過去上命下從的服從關係，轉成平等互動的夥伴關係，破除師長本位，回歸學生本位，才是再次啟動教育改革的意義。

如果我們期待建構一個公與義的社會，那就先得打開校園的這座高牆。美國實用主義哲學家、教育學家杜威曾說：「社會的改造要依靠教育的改造。」他深信，一個理想的民主社會能否具體實現，有賴於良好的教育實施。

校園怎麼走，社會就怎麼走。這不是老師一個人的事，是所有人的事。思辨是一種穿透的力量，要讓校園成為思考的殿堂，不只要保護學生的自主學習，更要保護老師的創意與熱情。接著才能期待某一天，我們不僅僅是說「不」，而是推倒那座隱形的高牆，讓自己成為自己的主人，回歸教育的初衷！

目錄

第一章

思辨高牆

——承認吧，我們害怕學生會思考

【思辨高牆】

第一章 承認吧，我們害怕學生會思考

「引領我的，是對真實所懷抱的熱情。我對所有的問題，都是以此為出發點考量。」

——切．格瓦拉（Ernesto Che Guevara）

一、十八歲的你，想要做什麼？

你有夢想嗎？你是否還記得十八歲時的夢想？

我在高中教書十來年了，每年六月總會送走一批又一批的畢業生，當然也會幫學生簽畢業紀念冊。每次簽紀念冊的時候，我總會看看學生在上面寫了些什麼。有一點我始終不明白，為什麼幾乎每個學生的夢想，都是「考上理想大學」？等了十八年，也算是成年人了，怎麼對自己的未來沒有半點想像？人生難道只有「考大學」嗎？

回想我自己的十八歲，當年以第一志願填進師大公訓系，研究所畢業後，因為是公費生，很順利地分發當上老師。除了當兵那一年半，中間連個空檔也沒有。某方面而言，我也算是人生勝利組，沒有一天失業過。但是我很後悔。如果人生可以重來，我真希望當初不要那麼早就當老師。我失去了太多探索人生、追尋夢想的機會。

媒體報導，美國前總統歐巴馬的大女兒瑪莉亞（Malia Obama）二〇一六年錄取哈佛大學，但她沒有打算馬上入學，打算延到隔年秋季才入學，因此將有一個空檔年（gap year）。

空檔年是什麼？它讓學生「有機會去旅行，探索不同的興趣，並在大學生活開始前學習一些經驗，並且變得更為成熟」。

哈佛官網也貼出一篇以〈要讓下個世代先暫停一下，還是弄到油盡燈枯，失去熱情〉為標題的文章，描述中小學教育壓力對學生的影響，文章寫道：

> 「許多三、四十歲的醫師、律師、學者、企業家說，他們擁有這些專業能力與成就是因為別人對他們有如此的期望，他們未曾暫時停下來想一想自己是否真正熱愛這份工作。他們常說自己完全失去

了青春，從未活在當下，且總是追求一些不明確的目標。」

教育部規劃「青年教育與就業儲蓄帳戶」，於二〇一七年八月正式推動，一〇五學年度高中職應屆畢業生均可申請，三年最多補助三十六萬。整體方案有兩大階段，第一階段是協助高中職職涯探索；第二階段則在高中職畢業後，透過「青年體驗學習計畫」協助學生進行國際與生活體驗，以及「青年就業領航計畫」協助學生進行職場體驗。而「青年就業領航計畫」之職缺，將會特別重視優質職缺及傳統技藝人才傳承與培養。

為什麼會有這個政策的出現？我想，和現下「只要會劃卡就能上大學」的荒謬現象脫不了關係。

回到一九九四年四一〇教改的時空背景，當時台灣十八歲的青年，進入四年制大學的機會還不到百分之十八，擠不進升學窄門的青春學子，只能年復一年關在南陽街的重考班裡，不斷填鴨背誦記憶，這對國家人才的培育當然是大大的傷害。

在這樣的背景下，當教改運動提出「廣設高中、大學」訴求時，很容易就得到廣大輿論的支持。這是由當時社會共識所產生的結果，不可能只靠少數決策者或倡議者一手遮天就做得出來。結果呢，一切就失控了。

只要會劃卡，文盲也能上大學

根據政大教育系教授周祝瑛的研究，國內大專院校從一九八四年的二十七所大學、七十七所專科學校，暴增到二〇〇七年的一百四十八所大學、十五所專科學校。大學生人數也從一九八四年的十七萬三千多人，成長到二〇〇七年的一百一十二萬人。

如今升大學已不是窄門，是寬門。有多寬？全世界最寬：只要你會劃卡，是文盲也沒關係，一樣可以上大學。早期是學生要拚了命考試才有大學讀，現在是大學拚了命要找學生來讀。

更慘的是，因為少子化風暴，這些大學現在還得忙著到國外找學生來補學費的空缺。經濟學告訴我們，當貨幣發行量過多，必然造成通貨膨脹，貨幣購買力將會貶值；如今，台灣的大學過度擴張，大學文憑已是惡性通膨。大學生滿街跑的代價，就是企業主隨便給個二十幾K的低薪，要不要做自己看著辦。

早在一九八三年，哈佛大學教授霍華．嘉納（Howard Gardner）就提出「多元智能理論」（Multiple Intelligences），駁斥「一試定終身」的智力至上說，認為每個人都有不同的語言、邏輯、肢體等多種思維方式。簡單來說，就是每個孩子都有自己的性向，適合學術性向的當然要走大學研究之途，而其他性向的孩子也應該要走適合他們的道路。

可是，我們的社會騙了他們。整個社會的氛圍，從國中就開始騙這些孩子，念高職的目的不是為了求職，而是為了升大學。家境好的也就罷了，家境差的只能申請就學貸款，於是大學四年都在忙著打工攢生活費、住宿費，甚至一路借學貸到研究所。沒有一技之長的後果是畢業只能領到二十幾K的薪水，了不起三十幾K，還欠了一屁股學貸債。

教育部統計，一〇三學年度在學生申請學貸人數將近三十二萬人，包含高中生約一萬八千人及大專生三十多萬人。申請學貸的大專生裡，公立學校約六萬人，私立卻超過二十四萬人。目前背著學貸的年輕人（含在學及畢業）已逼近百萬。

一名私立科技大學機械系四年級的張同學，每學期五萬三千元的學雜費都靠申請學貸繳交，前後已借了四十二萬元。現在，他每週打工四到五天，要靠自己的能力讀完大學。

其實，既然每星期都要打工四、五天了，也許當初選擇先就業、累積實務經驗，再回到學校加強理論進修，對他的未來會更有幫助。

網路論壇上，有位裝潢業者發文感嘆現在的泥水工好難請！前陣子，他承接一個案子，找來三個按件計酬的泥水工人，「但這三個人，開價可不便宜！短短一個星期內，就從我身上賺走三十萬元！」如果是更稀有的泥水工，像貼大理石的工人，費用可更驚人，該業者表示，「我就曾看過有老闆，是直接帶一整個皮箱，裡面裝了快百萬的現金到工地去，做完當天直接發現金啊！」

不只泥水工，現在各種工都缺。做裝潢的鐵工現在行情是日薪兩千七百元，好的木工日薪甚至高達四千五百元。

為什麼工人的身價會一夕暴漲呢？因為年輕人不肯做，都跑去念大學了。一個國內知名的裝潢團隊，裝潢工人約有七十人，其中一半以上都是六十到七十歲的技工，四十五歲以下的工人，竟然只有兩個。

放手吧，台灣的爸爸媽媽們！我知道你們都辛苦過。

上一代的爸爸媽媽，因為自己當年是苦過來的，心中難免羨慕所謂「白領階級」的社經地位。而台灣社會長期對技職黑手的鄙視、對學歷的過度吹捧，更使得家長們捨不得自己的孩子將來從事粗工，寄望孩子未來可以「出人頭地」，坐辦公室吹冷氣，當個白領人士。但是，要「出人頭地」，難道只有念大學這條路？

我聽過太多例子，即便孩子對升大學沒有興趣，想先就業再逐步探索未來志向，爸媽仍一面倒地反對，甚至對孩子千拜託萬拜託，要他們花多少學費都在所不惜。就算家中經濟有困難，還是要把錢籌出來，無論如何就是要孩子先撐完四年大學再說。好像只要拿到那張文憑，一切就萬事太平了。

結果，空有一張貶值大學文憑、學不到一技之長的畢業生，企業不收，創業也不成。親愛的爸爸媽媽，你們不但耽誤了孩子的青春，可能還害了他的一生。其實，孩子們比你想的更獨立、更優秀！

自主選擇，追尋真正美好

我們是否該試著讓十八歲的青年自主思考求學的目的？或者，仍一心希望他們能考上好學校、找到好工作、賺到好多錢？如果所謂的「好」，指的只是「賺到好多錢」，那麼含著金湯匙出生、家裡擁有大量土地房產的人，肯定是「最好的人」。但事實上，金錢並不是萬能，也不該是萬能。生命中一定有比金錢更美好的事物，等待你我去發掘。

十八歲的你，應該可以為自己做決定了。雖然已是老調重彈，我還是要再三強調：年輕就是本錢，時間站在你們這一邊！不需要急著升學，多思考、多想像。一味聽從長輩的指示，勉強自己借學貸打工度日，最後換得一紙不受期待的文憑，我不認為你會滿意這樣的人生。

那些想先就業，或只想離開家鄉到處走走看看的人們，只要是出於自主抉擇，都令我非常佩服。二十世紀最受人景仰的革命家切．格瓦拉，出生於阿根廷一個家境優渥的家庭。一九五一年，二十三歲的他在布宜諾斯艾利斯大學醫學系畢業前夕，與好友阿貝托一同騎著摩托車，進行一趟環繞南美洲、全程一萬兩千公里的旅行。

從阿根廷到智利，他親眼目睹礦場勞工的生活現況。在祕魯，他探訪了馬丘比丘遺跡，深切理解當地的殖民歷史，並在痲瘋病療養院工作。他們還乘著竹筏，自亞馬遜河順流而下，經過哥倫比亞，一路來到委內瑞拉。與朋友分開後，格瓦拉又一路北上到美國邁阿密後才踏上歸途。

這趟歷時八個月的旅程，讓格瓦拉深深了解南美洲當時貧困的處境，他以札記方式寫下自己的觀察與感想，日後成了《革命前夕的摩托車之旅》。格瓦拉是這麼說的：

「當我東奔西走，在南美大陸四處旅行時，在連我自己都沒注意到的過程中，我已經改變了。」

我並不是要鼓勵革命，而是希望年輕的你能多多冒險，去發掘、去體會，保持對社會的關懷、對弱勢的關心，重燃對美好世界的想望。總有一天，當你回首過往，這些點點滴滴都將成為人生最深刻的記憶。

二、教改為何會失敗？因為高職都改名高中了

一位在公立高職教書的朋友親口告訴我，XX高職如果不改名為XX高中，將來在十二年國教下，學校根本收不到國中畢業生。

為什麼？因為家長覺得讀高職就是矮人一截，可能連學生們也這麼認為。真是可悲，教改了老半天，最後只改出一個「萬般皆下品，唯有讀書高」的結果。於是我們看到高職紛紛改名高中，專科紛紛「升格」為技術學院與科技大學，不僅造就考七分就能上大學的「奇蹟」、百分百升大學的錄取率，成了全世界擁有最高大學生比率的國家，也帶來只剩二十二K起薪的荒謬社會。

當各界都在討論教改為什麼會失敗、十二年國教有沒有希望的時候，探討的都是如何減少學生壓力、如何讓升學更公平，但我要嚴正和教改專家、官員們說，不恢復台灣最引以為傲的技職體系教育，任何教改都是說假的！

獨立媒體《技職教育3.0》一篇〈技職教育失能等於自廢武功〉報導，點出了荒謬的現象：二〇一四年缺工人數為二十三．八萬人，創下歷史新高，其中製造業缺工人數近十萬人，「許多批判矛頭都指向失能的技職教育。」

教育部統計，一〇三年高職生升學比率已達百分之八十六．六，台灣科技大學校長廖慶榮諷刺地稱此現象為「另類的世界第一」。而以就業率來看，一九九〇年高職就業率為百分之八十七，到了二〇一五年卻只有百分之十九。

車王汽車老闆李國裕以曾收過的汽車員工為例，一名北科大車輛工程系畢業的學生居然連輪胎都沒換過，追問後得知，該名學生高中畢業後接著讀科技大學，但一路升學過程都以考試為主，根本沒真的碰過車子。[1]

明明台灣十五至二十四歲青年失業率高達百分之十三[2]，為什麼還會缺工近十萬人？來說一個真實故事，各位就曉得問題所在了。

有亞洲規模最大之稱的遊艇精品廠——緯航企業的董事長，有次到高職演講，順便招募員工，他對所有技職生說：「畢業後來我公司起薪二十五K、四年學成後保證三十五K以上。」結果他回公司後，連個學生都沒等到。董事長後來才知道原因：這些學生剛進高職第一個月，就全班都到補習班報到，準備拚三年後的升學考！

說到這，如果還沒打消你「唯有讀書高」的想法，我再舉兩個博士的例子給你參考：

四十五歲的政大東亞所博士徐文路，七年來由於一直卡不到正式的教職缺，成了流浪博士。每週二他從台南搭四個半小時客運到台北輔大教書，結束後再搭計程車趕到台藝大上課，星期三繼續到交大和新竹教育大學教課，星期四還有台中逢甲大學的課。他每週要在五所大學兼課二十一個學分，鐘點費雖然加起來有五萬六千元，但每年只有九個月有收入，因為寒暑假沒上課，也沒有年終獎金。扣掉車資跟住宿費後，每個月實領三萬一千元。

同樣讀博士，另一位二十九歲的政大法學博士生林柏翰，由於擔心未來畢業後也成了流浪博士，他決定選擇做起修車行黑手。剛開始，當然也有同學嘲笑他，書讀這麼高，幹嘛去做粗工！現在呢？他的月收入竟然高達十萬元。

很訝異黑手竟然有這麼高的收入嗎？真的不令人意外。根據《遠見》雜誌的調查，二○一五年建築、土木工程業，求供比為六．○四，表示每六份工作，只能搶到一個工人。就算加薪搶工，可能還是得苦等兩個月才能找到工班。工頭忿忿地說：「就算一天給三千元薪水，也是等嘸人！」

德國經驗，重視技職體系

在德國，有百分之六十的學生不選擇就讀大學，反而從小就進入技職體系。德國成熟的師徒制度，培育出許多世界頂尖的工藝人才，現在更是領導歐盟的工業強國。

為什麼德國做得到，台灣卻不能？在德國，擁有職業的工人與大學教授的社會地位一樣高，每個孩子從小就思考自己未來要做什麼、想做什麼。

《借鏡德國：一個台灣人的日耳曼觀察筆記》作者劉威良提到，德國的實用高中與基礎中學學生，不以上大學為目標，而會去職場實習一兩個星期，從工作場域開始自我探

1. 目前北科大車輛系為了改善此狀況，已將校外實習改成必修學分。
2. 全球青年失業率占整體失業率比率兩倍多，約為百分之十三；台灣整體失業率是百分之四，青年失業率占整體失業率三倍，高於世界均值。

索。有的人喜歡玩摩托車，就去賣摩托車的店家實習；喜歡動手修理的，也可以去腳踏車店學習裝修；想走醫療行業的，也可以到醫院實習。通常非普通高中的一般中學畢業生，大多有過實習經驗，就會比較自己的性向，知道以後該申請什麼樣的職業訓練，也比一般普通高中生更清楚自己的性向與志趣。另外，一般德國普通高中畢業生，還不知性向者，通常也不會馬上去讀大學，他們多會去做志工或到海外學語言等，也可能去找職訓，學得一技之長。「萬般皆下品，唯有讀書高」，才是教改失敗的根本！

三、犧牲睡眠，卻只換來僵化的思考

網友在國家發展委員會「公共政策網路參與平台」提案，主張「目前台灣高中生普遍睡眠不足，高中生上學時間應延遲」。教育部在評估可行性後，宣布新訂的「高中學生在校作息時間規劃注意事項」，學校每週至少應安排兩日開放自主學習，由學生自主規劃運用並決定是否參加。學生在校作息時間，由學校循民主程序自訂，從一〇六學年開始實施。

換句話說，就是學生未來一週可以有兩天在上午第一節八點十分前到校，其他三天則維持現行七點三十或四十分到校。

既然網友的提案是要給高中生充足睡眠，延後半小時根本無濟於事，請改成九點到校，好嗎？

雖然長輩總是告訴孩子們「早起的鳥兒有蟲吃」，但科學界對於青年睡眠習慣的研究，其實有不同看法。

根據報導，美國的國家睡眠基金會（National Sleep Foundation）指出，青春期的睡眠時間會推遲，因此年輕人在晚上十一點前仍然很清醒，實屬正常不過。而青年每晚需要的睡眠時間為八至十小時，但大部分人都沒有充足的睡眠，因而影響到學習能力、健康、情緒等。美國前教育部長鄧肯（Arne Duncan）也曾呼籲，「讓年輕人睡多些，遲一點才開學。」

關於延遲上學時間的提案，我也針對高中生做了簡單的民意調查。我給學生三個選項：

1. 維持現狀，七點半到校，四點或五點（加第八節輔導課）放學。
2. 九點到校，但延後至五點或六點放學（去掉早自習）。
3. 九點到校，四點或五點放學（去掉早自習與第一節課）。

問了好幾個高一班級，每班情況差異不大。選「維持現狀」的大約百分之十五；選「九點到校，延後放學」的占百分之十五；選「九點到校，原時間放學」的約百分之七十。

同時間，我又做了另一個民調，詢問高一學生週一到週五的平均睡眠時間。其中，約有百分之七十的學生一天睡不到七小時，繼續調查後發現，每班有三到四成的學生，一天睡不到六小時。

這就是我們國家高一新生的命運。才剛脫離國中會考的禁錮，一心期待能享受青春的高中生活，結果時間和健康又被牢牢綁在每天七點半到校的緊箍咒裡。

儘管有百分之八十五的高中生支持九點到校，我知道實務上要達成延遲到校的提案是天方夜譚。家長們首先就會跳出來反對，「小孩子當然要早睡早起」、「改成九點他們只會更晚睡」、「家長送完小孩再去上班會來不及」。況且，大多數學生不但支持九點到校，還支持去掉早自習與第一節課，也就是一天只需上六至七節課，我相信這更會引發老師跟家長的高度疑慮，甚至反彈。

日本網路紅人三原慧悟在影片《台灣的上課時間也太長了吧?!日本的高中生們嚇到》中，提到台灣學生每天從早上八點到晚上五點的上課時數，以及下課後的補習生活。從訪問中得知，日本學生早上是八點四十到五十分之間上課，下午三點三十到四十分就放學。影片中，不少人聽到台灣學生的學習時數，都表示不可思議，有人說，「好痛苦」、「超長，真辛苦」、「我無法只有念書」；接著，再被問到日本的上課時數變得一樣長好嗎？幾乎所有人都直說，「才不要」、「這樣我會很困擾」。

曾有市議員做過調查，我們的學生上課時間是全世界最久！台灣學生上課時間為上午七點半到下午五點，平均上課時間九．五小時，對比世界主要國家，六小時的包括日本、德國、墨西哥、加拿大，六．五小時的則有美國、英國、澳洲。跟台灣相近的則是南韓，一天上課八小時，北韓、中國則都上課九小時。

這個調查還只是最低時數，實際上，許多學生五點下課後，還要在補習班待到晚上九點半，假日有些學校還會安排另外的課輔班、衝刺班。

網友在三原的YouTube影片下是這樣分享經驗的：「不是七點半就要到校嗎？下午五點十分放學，即使說第八節課不強迫上，不上還是會被記曠課呢……」、「加早自習、升旗有的七點，國三還要上輔導課到下午六點」。更有網友說得直白：「大家都在顧血汗勞工，但是沒有人顧台灣的血汗學生，哈哈，求學累半天，出來薪水更比人家低。」

冷靜想想，台灣學生每天上課時間九．五小時，是全世界最久。別說日本，就算與其他上課時數較長的國家相比，我們真的有比人家強嗎？何以致之？因為台灣的學生早已失去自主學習的靈魂！

每天我在學校，看著學生的課表被填得滿滿的，連上個體育課都要匆匆來回，好不容易可以運動流汗一下，就要被叫回教室繼續填鴨痛苦的課本內容。這些課表滿到我們連小考都得安排在早自習，甚至午休時間。

二〇一四年諾貝爾物理學獎得主、日本物理學家中村修二曾批評，日本、中國以及韓國等東亞國家的現代普魯士教育體制，阻礙了學生進行更深入的探究，對他們獨立思考的能力有害無益。他認為這種教育制度是在浪費時間。

循規蹈矩的「普魯士基因」標準教育模式，包括幾個我們已經認為是天經地義的基本要素：

- 早上七、八點鐘走進教學樓
- 在長達四十到六十分鐘的課程中，全程坐著聽課，課堂上，教師負責講，學生負責聽
- 午餐、體育課穿插在課程之間
- 放學後，學生回家做作業

這種機械化教育模式當然可以輕鬆製造出一個又一個順從且遵守紀律的未來勞動力，如同工業生產：標準化，且具同質性。然而在高度變動、講求創新的現代社會裡，我們需要的應該是能獨立思考、自主學習、常保好奇心與熱情的新世代學生。結果，我們選擇了如同工廠，甚至是監牢般的長時間教育型態，犧牲了學生的睡眠健康與自主學習機會，最後才抱怨為什麼教育如此僵化。

這些都是學生的聲音：

「很多老師上課都在聊天，浪費我們時間」

「有些科目根本不用上，比如○○、ＸＸＸ」

「老師平常不好好上課，段考前才說教不完要趕課」

「我們自己讀真的比較快」……

其實，真有必要讓學生上這麼多課嗎？多年的教學經驗告訴我，那之中至少有四分之一的時間是在浪費學生的生命。

改革不需躁進，延後到校只是第一步，先從一天少上一節課開始，把時間還給學生。讓學生找回一生受用的自主與獨立能力，才是最重要的啊！

四、用全世界最久的時數，教出只會寫摹本的學生

上第一堂課時，我總是喜歡問高中生一個問題：「回想國中會考結束後，包括你在內的多數同學，回到學校的第一件事是做什麼？」學生們的回答也許不盡相同，但最後一定會得到一個共同答案：大家都會把舊課本丟到大麻袋裡資源回收。

問題來了，我問學生，你們家裡都有書吧？爸媽也會買書吧？這些看完的書你們會放在書櫃，如果放不下或再也不看了，你們會丟到資源回收嗎？不會，頂多轉送給有需要的人。只有垃圾才會進資源回收桶，所以你家裡的書不是垃圾。那為什麼學校的教科書會進資源回收桶？對，因為它已成為垃圾。

垃圾看多的結果是什麼？

我曾受邀擔任某基金會徵文比賽的評審，整整看了一百多篇稿件，心裡很納悶，為什麼百分之九十的文章都長一個樣？這裡面一定包含「起、承、轉、合」：開頭會敘述作者多壞、多不孝順，接著是親人、朋友甚至寵物往生，然後作者頓時悔悟而流淚，最後結論一定會停在「決定做一個更好的人」，有的還會加上感謝上帝、感謝神明等。文章的大致架構不脫上述原則，比較厲害的，會在每段文字上使出華麗的雕砌，

用很厲害但我看不懂的成語，描述一件應該很簡單的事情。

起初我還感到羞愧，心想自己文字能力粗淺，如何分辨文章品質高低？結果到了決選會場，我與另兩位真正專業的評審只花了半小時就選出前三名與優選佳作。為什麼呢？

因為另兩名評審跟我有一致的看法，就是百分之九十的文章根本不必討論，直接刪去，我們只需討論剩下的百分之十。甚至，我們三人心中的前幾名不謀而合，而這些文章都有幾個共通點：沒有起承轉合，文字簡單明瞭，最重要的是都自然真誠，用白話來講就是不矯情。

仔細看那些落選的百篇文章，有些甚至是在職的專家或老師所寫。這凸顯了一個問題，我們的作文已被考試限制太深，以至於從老師到學生都被侷限在「起承轉合」的框架裡，最後更限制了學生的思考——因為考試要考，所以全力死讀教科書，功利化訓練的結果，便是生出一篇又一篇匠氣十足的摹本。台灣學生每天的上課時數是全世界最久，結果只能寫出「摹本」，這不是很可悲嗎？

關於寫作，曾有人問《大閱讀：讓孩子學會27種關鍵能力》作者、丹鳳高中宋怡慧老師：「有閱讀的習慣，孩子就一定很會寫作文嗎？」宋老師的回答是：「閱讀常給寫作者創作的靈感，和感知世界的橋梁。閱讀者不一定是好的寫作者，但好的寫作者絕對是一個愛讀者。」

這裡的閱讀指的是各類書籍，但絕不是用完就要進資源回收桶的教科書。曾聽朋友說，宋老師想在學校的早自習時間推動閱讀，同為高中老師的我直覺反應是，怎麼可能？其他科的老師肯定跳腳。每天早自習就是各科目搶排考試的時間，怎麼可能空下來讓學生讀「真正的書」？

每學期開始時，我都會推薦一些具社會關懷的好書給學生選讀，介紹時，可以明顯發現學生眼睛是明亮的，難道是因為我講得手舞足蹈又口沫橫飛？當然不是。是因為他們可以感受到這些好書所傳達的信念，而他們也願意透過閱讀拓展人生視野。

可惜的是，接著就沒有下文了。學生每天課表都排得滿滿，回家還要準備隔天的各科小考。鴨子都被填成這副模樣了，當老師的又怎麼忍心要學生讀這些會「耽誤」學業成績的「課外書」呢？

教育部閱讀磐石獎得主、國中老師梁語喬，在《曾經，閱讀救了我》這本書裡提到一個故事：

阿憬是個自我要求高的學生，很擔心自己國中成績不夠優秀，如果讓他們自習，他一定會就看教科書。

我找了他幾次，告訴他：「如果只看教科書，你永遠只能向一百分邁進，但是如果你不只看教科書，有一天，你會發現，你已經超越一百分。」

梁老師希望，學生能從課外書中找到不同個體所需要的不同養分，讓他們在未來的人生路上，有智慧及勇氣去抉擇與面對。

說來也奇妙，在基測結束後，梁老師的班級竟得了苗栗縣基測優良班級獎，平均分數高於全縣平均二十四分之多。這個成果說明了，養成良好的閱讀習慣，並不會讓學生成績退步，更不會阻礙學生的學習。

學生時代不重視閱讀，出社會後忙於上班就更不可能閱讀。難怪台灣書籍年銷售額從二〇一〇年高峰的三百六十七億，一路下滑「腰斬」到二〇一五年的一百九十億，而且賣最多的都不是真的文字書，而是實用取向的著色書與寫字書，或是心靈勵志類的「勇氣書」。

教育的目的是培養學生獨立思考的能力，而不是養出訓練有素的狗。教科書只是現在的工具（未來的垃圾），要開拓視野就得靠閱讀，唯有真實的閱讀，才能期待寫出有意義的文章。

五、為什麼台灣中學生不上哲學課？

愛因斯坦說：「專家還不是訓練有素的狗？」這話並不是偶然而發的，多少專家都是人事不知的狗，這種現象是會窒死一個文化的。——陳之藩，〈哲學家皇帝〉，一九五五年

陳之藩的這番話相信大家都耳熟能詳，因為這篇文章多年來都是高中國文的必選教材，學生們也多能朗朗上口。陳之藩很欽佩美國學生的獨立自主，他說：「中學生送牛奶、送報；大學生作苦力、作僕役，已經是太習慣了的事。這些工作已經變成了教育的一部分。一個個美國孩子們，永遠獨立、勇敢、自尊，像個哲學家帝王。」不過，有件事他覺得奇怪，「大概是人文的素養吧。我在此三、四個月的觀感，可以說：美國學生很少看報的。送報而不看報，這是件令人不可思議的事。」所以他才引用愛因斯坦的話來批評欠缺人文素養的專家們。（愛因斯坦的原文是這樣說的：對學生來說，獲取對價值觀的了解和活生生的感覺，是重要的。他必須鮮明地

感受美感和道德上的良善，否則他有了專業知識，只是更像一條訓練有素的狗，而不是協調發展的人。）

可惜的是，即便國文課本都這樣寫了，我們的教育仍舊不重視人文素養與哲學教育。就連正在研擬、預定一〇七年上路的十二年國教課綱，也看不到關於「哲學推理」和「批判思考」的課程被納入。

哲學教育在高中階段被忽視的事實，也能從大學的轉系人數看出來。以輔大哲學系為例，二〇一六年竟高達五十七人申請轉系，整個系也不過一百二十多名學生，難怪該系教授會感嘆「這是一個令哲學系最不堪的日子」。不過，我想這些學生並不是因為讀了才發現志趣不合，他們當初壓根兒就不是為了哲學才選填該系，純粹是當個跳板罷了。

我們也不需太苛責這些學生，是整個社會對哲學教育的忽視，才使得學生必須另作打算。看看法國、義大利、西班牙、葡萄牙等國，在中學便把哲學列為必修，德國、瑞士、瑞典等國則列為選修。台灣人不是最羨慕歐洲開明的教育嗎？怎麼碰到哲學就縮了手？

我想有兩個原因使然。第一是威權教育的遺緒，台灣的教育並不是真想教學生思考，老師雖然口頭上會說「同學要多問為什麼哦」，然而一旦學生真的問起為什麼，剛開始可能還會心平氣和回答，等到學生愈問愈多、愈問愈尖銳，比如「為什麼只能穿白鞋白襪？」「為什麼早自習不能滑手機看報紙？」「為什麼上課不能看別的書，你上的課我已經懂了啊！」很多時候老師根本答不出來或無法回答。

其實，若從學生本位的觀點出發，學生本來就該有一定程度能決定自己的學習方式，而不是像進監牢般受到無止境的約束。

承認吧！我們其實害怕學生思考，我們期望的「好學生」是服從、是順從。

另一個原因，則是當我們談到哲學，多數人就會自動出現「哇，好難！」的想法。因為台灣從小學到國中、高中都沒有哲學課程，所以我們對於哲學的想像，大概就是希臘聖哲柏拉圖、亞里斯多德這些歷史課會出現的人名——遙遠，而且感覺深奧。

日本作家飲茶在《叛逆就是哲學的開始：叛逆、對抗、思辨——哲學家三部曲》（日文原書名：14歳からの哲学入門）裡提到，日本很多哲學書都是寫給十四歲的青少年，十四歲剛好是國中二年級的年紀，自孩童時期被灌輸的各種「小孩的思想」，諸如「大人是對的」、「老師很了不起」等，都在這個時期開始土崩瓦解；十四歲應該是建構「自身價值觀」的時期。

作者認為哲學並不是多高深的學問，哲學家也不特別聰明，他們大多有著「與青少年相仿的胡思亂想」。例如：「要聽老師的話啦！」「噢？那老師叫你去死，你就會去死囉？」其實，許多將世界普遍觀念推翻掉的哲學，就是從這種程度的胡亂思想中誕生的。

說了這麼多，我要強調的是，哲學一點都不難，它反而是理性思辨的基礎，更是當代社會公民教育不可缺少的養分。

感謝台灣這些年來有「哲學星期五」、「高中哲學教育推廣學會（PHEDO）」等組織的努力，他們透過演講、論壇、營隊，甚至是學校特色課程的方式，一步一步為台灣打開哲學的大門。他們甚至引進、翻譯了一系列法國高中生使用的哲學教育讀本，讓台灣的哲學教育慢慢出現曙光。民間努力至此，我們的教育主管機關是不是也該做些什麼呢？

後記

「人應該從父母那裡得到兩件東西：根與翅膀。」——歌德（Johann Wolfgang von Goethe）

對於教育，由於每個人至少接受過九年甚至十二年的國民教育，即便是長大、出了社會，自己或親戚的小孩也都會進入這個教育環境，所以或多或少都能指出現行教育體制的弊病，「教改」這個名詞也就成了風行二、三十年，家喻戶曉的流行用語。

我在第一節裡提到，一九九四年教改發動的時空背景下，每年有數以萬計的年輕人困在重考班裡填鴨背誦，這種靠一再死背產生的大學生，缺乏主動思考的精神，也不會有探索生活經驗的熱情，這些「菁英」將來畢業成了社會中堅，心裡只會想著高度競爭、賺大錢，評定一個人價值的方式就是用金錢來衡量，並認為失敗者就是因為當年不好好「讀書」（實際上只是背誦教科書而已）。

所以我們也許會看到一個畫面：爸爸／媽媽在路上看到拿個大麻袋做資源回收的叔叔／阿姨，對著他的寶貝女兒說：「妹妹妳要好好讀書喔，否則長大就會像那個叔叔／阿姨一樣撿破爛。」更過分的或許還加上鄙視表情，然後牽著小孩快快遠離垃圾桶。

勞動部曾做過調查，詢問企業需要什麼樣學歷的員工，竟只有百分之二十一需要大學以上學歷，但我們還是有百分之八十四的學生選擇繼續讀大學。反觀日本、法國、英國的大學生錄取率，分別為百分之五十七、五十九及六十一，瑞士甚至只有百分之二十。學用落差是台灣教育的一大問題。

家長的觀念不改，教改就只會愈改愈可怕。一窩蜂把學生送進大學，沒有一技之長就畢業，以極低的薪水背負大量學貸，不知何年何夕才還得清。最後還要被長輩批評是不會存錢的月光草莓族。

至少以我十多年的國、高中教師經驗，我認為當前教育最要改的，是這個標準工業化生產、早已不符現代生活型態的普魯士教育制度。

如同我在第三節提到的，台灣學生的上課時數是全世界最久，捫心自問素質也不比別國強，結果就是學生睡眠不足（七成學生一天睡不到六、七個小時），毫無學習效率（因為科目太多或上課節數太多），又找不出時間讓學生沉潛思考，最後又統統送到大學去（反正文盲也能念大學）。

我要批判的不只是現行制度，而是社會各界殷殷期盼的十二年國教課綱。現在社會上，包括教育界，都有一種誤解，雖然不滿於現狀，但若因此把希望完全寄託在一〇七年上路的十二年國教（這個課綱的特色就是減少必修科目時數，增加選修特色課程），以為這樣就能翻轉僵化的教育，迎來新世代創意無限的學生，其實是不可能的。

以普通高中來說，必修科目還是高達二十一科，再加上一堆新冒出來的選修課程（這部分要教師們花時間自創，將來亂教、掛羊頭賣狗肉的只會更多），我不認為學生需要上這麼多的課程。

我認為最根本的做法還是「把時間還給學生」，一天上六節課就夠了，剩下的時間讓學生們讀喜歡的書、打球跑步運動，甚至只是放空曬太陽都好。但這樣的想法一定會引來許多家長、老師批評，覺得這樣孩子放學後會亂跑、會學壞等等。

我不是教育專家，也不懂親子教養，我只知道我小時候都自己上下學，小學走路回家，國中騎腳踏車，沒上過安親班，更不用說課後照顧班。我的同學們也都跟我一樣，每天自己回家，我們下課後會去漫畫店，會打籃球，也會去逛街閒晃。我們都是這樣長大的。

我理解身為家長，當然會顧慮孩子的安全，但請不要因噎廢食，養成了孩子的依賴性，葬送孩子的獨立性。學校不是監牢，教育也不該是填鴨。如果我們期待學生不當媽寶，卻又不相信他們有自主判斷、自主學習的能力，那麼我們口中的「翻轉教育」都是假的，最終仍是走回普魯士這樣的工業教育型態，製造出一個又一個不會思考的機器人。

第二章

階級高牆

——終結貧窮世襲

【階級高牆】

第二章　終結貧窮世襲

「多辦一所學校，可少建一座監獄。」——維克多·雨果（Victor Marie Hugo）

一、一張九十九分的公民考卷

試著從下方題目，選出正確選項：

關於台灣社會流動的現況，下列敘述哪些正確？

(A)台灣允許個人後天努力爭取社會流動機會，足見台灣為開放的社會

(B)政府開放外籍勞工，原住民族因具有本國國民優勢，在就業上形成向上流動的趨勢

(C)台灣社會中，教育是成功向上流動的最主要因素

(D)政黨輪替對台灣政治菁英階層的流動有一定影響

(E)由於經濟的不平等，弱勢家庭完全沒有機會向上流動。

這是高三公民第二課「社會流動」複習考卷的其中一題複選題，標準答案有(A)(C)(D)，訂正後，我聽到有同學考九十九分，正要稱讚她學得很好，這位女同學卻很果決地告訴我，(C)選項是錯誤的答案，她堅持不選。

當下我愣住了，隨後又馬上理解，真的是這樣沒錯。我告訴這位同學，老師不會給妳加分，我寧可妳留下這張九十九分的考卷，它代表著更成功的教育價值！

我們常說「窮不能窮教育，苦不能苦孩子」，但實情是如何呢？

二〇〇九年，台大經濟系教授駱明慶在〈誰是台大學生？性別、省籍和城鄉差異〉一文中，針對一九八二到二〇〇〇年間台大學生來源所做的研究指出，百分之五十七．六的台大學生來自雙北地區，而苗栗、嘉義、花蓮、新竹、台東五個縣的比率都低於百分之一。另外，台大學生父親是中高白領階級、公務員的比例高達百分之七十七．五，遠遠高於工農的百分之八．五。

十多年後，情況改善了嗎？駱教授二〇一六年的論文〈誰是台大學生？（二〇〇一—二〇一四）——多元入學的影響〉中，台大學生來源的縣市，台北市以百分之三十．六奪冠，其次是新北市百分之十九．三七，雙北占了百分之四十九．九七，看似有下降了一些。

其中關鍵在於繁星計畫，二〇〇一至二〇〇三年間，台北市十八歲人口成為台大生的機率是花蓮的十三．六四倍，而大安區是花蓮的二十七．五六倍；二〇一一年台大的繁星名額擴增百分之七到十，二〇一一至二〇一四年間，台北市是花蓮的七．三七倍，大安區則是花蓮的十二．八三倍。很遺憾，這是因為外加制度降低了台北學生的入學比率，「強制」台大從過去集中在少數明星高中的情況向外擴散（繁星前，台大學生高中畢業學校一百七十五所；繁星後增至二百九十八所）。

即便加了繁星計畫，台大學生來源仍有五成來自雙北市。但若以人口比例來看，雙北市占全國總人口的比例為百分之二十八．四，至於台北市，僅占百分之十一．五。

難道是台北市的小孩比較聰明嗎？否則為什麼台北市的學生讀台大比率，是其人口比率的三倍？

先不管政治立場，大家還記得當年「台灣之子」（其自傳書名）陳水扁從三級貧戶出身，靠自身努力考上台大、第一名考上律師，一路向上翻轉的傳奇故事嗎？對於很多家境不好的孩子，老師會鼓勵他們，好好讀書，將來要靠教育翻身。

陳水扁向上流動的例子，其實像中樂透彩的機率一樣，少之又少。教育，並不是樂透彩！

我曾經在媒體上，看過一則真實報導〈一個台灣，兩個世界〉：

一部分孩子每天上下學有專車接送，下課後父母親為他安排好各種補習，假日有才藝特訓，還要忙著參加科展比賽。暑假要出國，東南亞或是日本都太無奇，要往更遠的地方去。最好英語系國家有暑期國外交換學生，據說這樣的夏令營才能培養良好的英語能力，並拓展視野。

但同一時間，南投名間鄉的小女孩，正準備跟爸爸去田裡工作。今年運氣不好，一個颱風淹沒了所有田地，父親為此負債好幾百萬。同年齡的表兄弟都上幼兒園去了，小女孩也想上學，但鳳梨田的工作做不完，就算全都收成了，還不知道賣不賣得掉。而氣象局說，下一個颱風又要來了……

法國社會學家布爾迪厄（Pierre Bourdieu）曾提出「文化資本」（le capital culturel）的概念，所謂「文化資本」是指被社會認可為較具有價值的文化資源，比如彈鋼琴或古典文學、詩詞等。布爾迪厄認為，由於社會上層階層的家庭較有能力消費並提供子女文化資本，而學校所教導的課程，通常也是社會所公認有價值的知識和技能。所以，上層階層家庭的子女往往在就學前，就已透過家庭累積相當的文化資本，因而更有機會在學校教育中出類拔萃，獲得較高的學業成就。

意思是，人家早就贏在起跑點了。

政府官員、民意代表、專家學者，這些能制定教育政策的人，其實都是上層階層家庭。如果政府的決策不能跳出既有舒適圈、大刀闊斧真正翻轉，要弱勢家庭的孩子面對這種不公平的競賽，只會形成貧窮的階級複製。

有天當人們靠教育翻身的最後希望也破滅，失去了夢想，還談什麼教育？

二、翻轉階級，老師你可以做更多

教育貧窮世襲化雖然是老問題，但每次資料公布時，總會引發社會關注。根據教育部二〇一五年的統計，高等教育弱勢生約二十二萬人，落在私校的弱勢生竟有十七萬人，占比高達百分之七十七。弱勢生比率最高的是私立技專，比率最低為公立大學。分到國家最多資源、五年五百億元的十二所頂尖大學，弱勢生比率最低，僅百分之七。而資源相對較少的科大，弱勢生比率則達百分之十七．六七。

目前大學的入學方式，在保障弱勢上，各有缺點：

【繁星推薦】

繁星推薦當初就是為了讓偏鄉的弱勢學生有機會進頂尖大學而設計，統計資料也顯示頂大錄取低收生比率最高的就是繁星推薦。

繁星的問題在於，名額最多只占錄取總額的百分之十五，而且繁星不限定偏遠學校，每所高中都能推薦，所以我們會看到建中、北一女等市區明星學校也有繁星學生，而且偏遠學校靠繁星錄取頂大的學生，可能是家境很好的，制度因素使得照顧弱勢的原意打了折扣。

【個人申請】

個人申請要親自到大學面試，從學生準備的資料中，審查老師、面試委員如果有心，可以特別將學生背景、地域、族群等因素納入考量，某種程度上的確可以照顧到弱勢學生。

然而，以我擔任高中導師的經驗，有個很現實的問題是，光備審資料的準備就充滿了階級不平等。早期備審資料都是紙本列印、裝訂成冊，做得最精美的通常都是直接花錢委託專業製作。雖然現在改採線上傳送，但是這些電腦科技、圖片掃描排版的工夫，也同樣利於家境好的學生。

此外，中產階級以上的家長，較有時間幫孩子蒐集相關資訊、搭高鐵住宿陪學生南北奔波考試，這些開銷我聽過的大概都得花到兩三萬元。弱勢的家長哪來的時間跟金錢玩這場升學遊戲？

【考試分發】

傳統上，我們都認為單純筆試最公平，不僅能避免偏鄉學生在面試時儀態、口條較弱的環節，也不會在備審資料裡顯出弱點，畢竟經濟弱勢生沒辦法出國遊學，沒錢學音樂才藝，也不會有家長幫忙的得獎科展作品。

然而，筆試要考高分，仍可以靠補習班、假日加強上課、大量記憶背誦得來。而能替孩子花大錢進補習班、選讀菁英填鴨式私校，甚至直接請家教老師的，肯定是經濟好的家庭。弱勢學生不要說補習了，課餘時間可能還得打工貼補家用，或幫忙父母工作、照顧家裡長輩小孩等。

我國憲法保障的平等原則，不是齊頭式的假平等，而是立足點的真平等，對於弱勢者應給予「優惠差別待遇」，讓弱勢與一般人能有機會站在同一條起跑線上。目前升學制度對於弱勢族群學生的優惠待遇，主要為原住民及身心障礙者，至於同樣弱勢但占比人數逐年增加的新住民家庭、經濟弱勢者，卻沒得到相對等的照顧，例如外加名額的保障。

老師，你可以這麼做

前文提到，教改愈改，階級卻愈複製，是因為教改的決策者與執行者都是知識菁英、中產階級，相同屬性的人聚在一起，容易忽略該從弱勢處境看事情的角度。

台大社會系教授藍佩嘉近年研究親職教養與階級關係，發現台灣親職論述近二十年在西方影響下明顯轉變，且和教改論述很接近。然而，此新興說法往往預設中產階級家庭、專職母親為典型，造成勞工、單親、隔代教養等家庭極大壓力，也恐複製下一代的階級弱勢。藍佩嘉舉例，都會區學校常要求孩子作業要跟家長共同完成，但她訪問的一位勞工家庭小孩，父母、阿嬤都忙於生計，根本沒人陪他完成作業要求的一起做菜、做家事等功課。

其實，老師本身就是中產階級，接觸到的同事也是同一類人，因此很容易在教學時忽略了弱勢處境，加深階級的隔閡。

比方說，有些老師可能會把全班同學加入臉書社團或是Line群組，將作業或相關班務訊息公布在群組裡。網路有即時性及便利性，而且無紙化，又符合資訊教學。這種做法乍看很進步，但等同預設每個學生家裡都有網路和電腦，或是智慧型手機。事實上，即使在都會區，也不是每個家庭都能負擔電腦設備及每月的網路費。

相關解釋我聽過最多的，就是一台低階平板電腦頂多幾千塊，家裡沒網路也可以去7-11或圖書館免費無線上網。我常想問：為什麼不是老師自己去7-11上網（每次還只限三十分鐘），你送同學平板電腦，每個月再幫忙出網路費，讓他舒舒服服地在家上網？

這和畢業旅行一樣，四天三夜新台幣六千多元的旅費，對許多家長而言可能不算太多，可是班上一定會有無法負擔的家庭。就算廠商有補貼，也仍要負擔一半，弱勢學生面對這種困境時，選擇不去畢旅還可能被認為不合群，自尊心再次被傷害。

權力菁英的決策盲點

美國社會學家米爾斯（C. Wright Mills）根據對美國社會的觀察，提出「權力菁英」（The power elite）的概念。他認為社會中多數的人，對於影響社會生活與人們行為的公共政策的制定，幾乎不具有任何影響力。真正能夠決定這些政策的，是社會中極少數的一群人，米爾斯稱之為權力菁英，而社會中的權力就掌握在這些人手中。他們所做的決定，往往對自己所屬的團體較有利。

這種決策上出現對低層階級者不利的規劃，有個很有名的案例：美國瓊斯國家公園規劃案。

美國長島瓊斯海灘（Jones Beach）州立公園被認為是世界上最美麗的公園之一，它坐落在紐約長島東南灣，海灘周邊沒有城市與居民，空氣非常清潔；藍天白雲下綿延伸展的白色沙灘、一片片內灣海景和浪漫的日落，令人心嚮往之。

然而，在通往這個海灘的高速公路上，有著許多跨越高速公路上方的高架橋，當時的長島州立公園管理處處長摩斯（Robert Moses）將這些橋的橋梁設計為距離高速公路路面約三公尺高。此一高度，對一般汽車通行並沒有影響，但對於公車或巴士，則因為車頂過高，根本無法行駛。

問題是：在美國，會搭公車或巴士的，大多都是窮人。所以才有人認為，摩斯處長的設計與規劃是為了阻絕窮人前往海灘休閒的機會。

社會開始關注教育世襲化，教育部願意改善弱勢生的升學狀況，當然值得肯定。「翻轉」口號如今在各地喊得震天價響，儼然成為一股時尚流行，然而權力菁英的決策稍有不慎，在數位科技環境下，只會再次拉大貧富階級的差距。

翻轉階級不只是輿論及教育部長官的事，如何讓基層老師真正具有同理心，在教學與班級經營上避免陷入中產階級的預設，多體諒與關心弱勢家庭學生，才是成功的關鍵。

老師無法改變弱勢學生的家庭環境，但老師可以建立他們的學習信心。唯有從基層教育做起，社會流動才有再次啟動的可能。

三、勞動教育：讓老師也有同理心

想像一下：你在百貨公司美食街吹著舒服冷氣用餐，看著歐吉桑滿頭大汗，忙著收拾一盤又一盤的廚餘餐具，你怎麼想？使用著百貨公司美美的洗手間，看著戴口罩的歐巴桑忙著拖地刷馬桶時，你又是怎麼想的？

台北市勞動局邀請我參與編寫「勞動教育——校園扎根計畫」教案，我二話不說就寫了三份，並依公民與社會科「人與人權」、「民法與生活」教學主題，融入勞工、勞動意識、勞動權等觀念，同時在「多元文化」教學主題中，寫出外籍移工在異地工作生活的困境。勞動局還邀請各校公民科老師培訓，期待透過高中職課堂教學與互動，將勞動教育種子深植學生心中。

多年教書生涯中，我始終覺得教育現場距離普羅大眾的勞動權益太過遙遠。**因為老師們大多是「人生勝利組」。**

立法院舉辦「偏鄉教育專法」公聽會時，一位出身偏鄉的教育學者就提到：

「偏鄉教育的問題，『師資才是王道』，但目前教師甄選『嚴重偏食』，沒有辦法篩出有熱情、情緒管理好以及有同理心的老師。『人生勝利組』的老師，對偏鄉學生缺乏同理心，無法同理學生遭遇到的學習挫折。」

是啊！現行教師甄選制度何其嚴格，以高中公民科來說，一個正式教師缺至少

八、九十人來考。如果是國、英、數這種主科，一個缺有一百五、六十人應考也很正常。這裡不是要炫耀考上老師有多了不起，我要強調的是，能在這激烈競爭中脫穎而出的老師，絕對是很會念書、很會考試的一群，學歷基本上也都是從前段學校畢業的。

《過勞之島：台灣職場過勞實錄與對策》作者黃怡翎曾提到一個例子：

> 月薪兩萬四千元的保全員阿忠，原本一天工作十二小時，全年無休，也無加班費。在一位同事離職後，公司希望阿忠暫時頂替，能領兩份薪水。雖然晚上可休息，每兩小時巡邏一次，但阿忠無休工作超過四十三天，每天二十四小時。他的一句話讓作者很難忘記：「難道我們想要多賺錢，就只能用性命去換？」

公立學校老師起薪四萬元，工作十幾年月薪升到六萬多元，雖然薪水也不算很多，但起碼有正常工時與週休。不過，當身邊都是同性質的「人生勝利組」時，我們實在很難想像保全員阿忠這種二十四小時過勞的處境，又怎能用同理心去教育學生呢？

勞動教育要成功，老師絕對是關鍵。「人生勝利組」不是原罪，但如何關心整個社會的勞動處境，就需要老師多花一點心思去體會了。

我每天早上趕上班前都會去便利商店買早餐，每次都要排很久的隊等結帳，是因為店員動作太慢或分心在打混嗎？不，因為他得忙著泡咖啡、影印文件、幫顧客操作i-bon，可能還要忙著填宅急便包裹。看著眼前這位年輕人，為了一個小時僅一百三十三元的時薪（這還是靠修《勞基法》一路調上來的，我當年在餐館打工是領七十元）忙得焦頭爛額。我都會問自己：如果是我，我撐得下去嗎？

工讀生雖然薪水很低，但他們展現出來的敬業態度，是年輕人的榜樣。當然，我更希望政府可以看見他們的付出，在政策上給他們更多的幫助。

這就是我要拜託老師的，勞動權益的教材不在課本，也不在教案，而是在你我生活周遭，隨處可見。把勞動教育的種子帶給學生，讓勞動意識深植學生心中，國家的「尊嚴勞動」才有可能實現！

四、二十萬等待失敗的中小學生

台灣有二十萬個中小學生「等待失敗」，這不是危言聳聽，這是已經發生的事實。《今周刊》二〇一六年報導，我國十五歲前後段學生學力之懸殊竟然是世界第一。

OECD針對全球十五歲學生實施的「學生能力國際評量計畫（PISA）」，二〇一二年評比結果顯示，台灣有百分之十二．三的學生無法答對「具備參與現代社會運作所需的基本學力」的試題。回頭看我們的國中會考，二〇一四年成績英語及數學未達基礎級（待加強）比率超過三成，而五科都「待加強」的學生約百分之七。以上數字顯示台灣兩百萬中小學生中，約有百分之十的孩子連基本學科能力都沒有，難怪學者會用「等待失敗」來形容其嚴重性。

其實這也不是什麼新發現，每年隨著國中會考成績公布，報紙上都會提到教育M型化，特別是都市與偏鄉之間的差距。不過，如果細看人數分布，根據中研院研究員黃敏雄的資料，其實全台功課最落後的學生，只有四分之一是來自偏遠地區，近八成是來自都市與城鎮。其中的問題出在哪呢？

博幼基金會創辦人李家同曾說：

「我和很多所國中校長見面，問他們有多少學生英文拿到C？數學有多少待加強？他們沒有一個人知道，只知道有多少人拿到A。政府獎勵學校的方式，也是看多少人拿到A。」

教育，說穿了不過就是兩個原則：有教無類、因材施教。可是這兩個原則在教學現場都違背了。現行的法令規定國中要常態分班，目的當然是要避免過去能力分班時，所謂「放牛班」學生被標籤化、被提早放棄的情況。但這種因噎廢食、一刀切的常態分班是不對的。

「有教無類」指的是受教權平等，老師不能因為學生家境清寒就有所差別待遇。實際上呢？每年新學期開始，班上家長委員的孩子通常會特別受到照顧，這是業界不得不然的潛規則。有些惡質一點的學校，更在入學時就偷偷搞「人情班」，如果學校老師和家長會長、副會長的孩子剛好都集中在某一班，你會發現那一班的老師也會「剛好」是該校升學最有口碑的一群。

「因材施教」更是因常態分班徹底遭到破壞。把不同學習程度的孩子擠在同一班，整堂課上一樣的教材，簡直荒謬至極。以我過去在新北市樹林區當國中教師的經驗，基礎學科如國、英、數、理等，班上有三分之一的學生幾近放棄，不是他們不願意學習，而是老師上的課對他們來說實在太難。一定會有人問，為什麼不教最簡單的呢？別忘了班上還有其他學生，這些學生有四分之一到五分之一是嫌老師教得太簡單，他們在補習班的進度早就超前太多了。

公立國中是學區入學制，常態分班在大都市（如：台北市）某些學區還勉強能撐住，因為學生都來自社經地位較好的家庭，除了學校，他們從小也擁有足夠的教育資源

（包括家庭與補習）。但是在一般城鎮區，問題就很大，學生的家庭社經背景差距過大，中低收入家庭的家長連工作養家都有困難，哪來的金錢和時間去照顧孩子？不依學習能力分班，這些弱勢家庭的孩子課堂上聽不懂，就只能睡覺或搗蛋，最後還被認為品行不佳，其實都是制度害人。

等待失敗的孩子必須受到重視，而且他們大多是在城鎮的中低收入戶。教育部目前每年提供十五億元的經費投入補救教學，立意雖良善，但實務上只是應付了事，因為補救教學都是利用中午或放學時間，這些已經是學習後段的孩子，在學校都已經空白一整天了，還要剝奪他的休息時間來補救？為什麼不直接在正課中讓他們至少能獲得最基本學力？我甚至認為考試不要用同一張考卷，A（精熟）、B（基礎）能力的去拚升學，C能力（待加強）的只要能提升到B，就夠了。

教育單位別老是拉著記者去採訪特色學校和特色課程，只呈現美好的一面，人們看見的盡是漂亮作品跟師生的笑容。先把這二十萬落後的孩子救起來，雪中送炭會比錦上添花來得更有意義。

警告
行為
違憲
TAHA

警告
行為違憲
AHAT

五、偏鄉缺的從來不是設備，是老師

「只要知道自己是被愛的，就會有向前的動力。」這是「為台灣而教協會」（Teach For Taiwan, TFT）石雅玲老師分享的心路歷程。赴偏鄉小學教書，她學到「讀懂孩子需要」，一路傾聽、陪伴，有孩子大受鼓舞，成績從原本不到三十分進步到八十分。

TFT是兩年全職教學專案計畫，招募富使命感與領導潛力的青年，投入有師資需求的偏鄉國小，並在兩年期間提供專業的培訓與支持系統，使其成為台灣優質教育的推動者，共同發揮長期影響力。完成任務的老師，有的打算進修教育相關課程、考取正式教師證，也有人直接留在當地服務。二〇一三年成立後，三年內已送出逾五十五位教師，服務了一千五百名的偏鄉學子。

感謝有這些熱血的年輕老師願意投身偏鄉教育，但民間團體畢竟只能點燃熱情，從短期治標開始。長期要治本，還是得靠正規的教師體系。

對於偏鄉教育，我們直覺的想法就是教育資源貧乏，所以硬體設備的投注、物資圖書的提供，以及許多民間團體的愛心從不虞匱乏。我就聽過不只一位老師說，吃的、穿的、用的，往往一窩蜂就往偏鄉送，有時學校還要煩惱該不該婉拒民間團體的好意。

一位筆名絨毛的偏鄉教師是這樣寫的：

其實偏鄉學校不缺物資，這可能跟許多人的印象完全相反。在我待的學校，正常來說幾乎所有學生都有申請補助的資格，他們的學費、書籍、課輔、午餐晚餐，甚至點心都是完全不要錢的。於是他們並不珍惜。午餐的廚餘堆得比山高，水果滿地滾，下午的點心當玩具在玩，課本總是搞丟，而且絲毫不在意。

基金會浩浩蕩蕩來舉辦捐贈儀式後捐贈的衣物鞋帽，回到教室後立刻聽到孩子說：「醜死了誰要？」這種經驗不勝枚舉，我曾經很詫異，也曾經很生氣，但仔細想想這行為背後的原因，不也就是因為這個社會對他們無止境的「同情」和「給予」嗎？

我並不是說這群孩子不需要幫助，而是我認為，與其施捨物質，不如提供機會。幫助他們的方法很多，但砸錢，永遠是最沒幫助的那種。

偏鄉的問題從來不是設備不足，而是老師根本待不久。國家教育研究院院長許添明曾提出一份報告，他引用國內研究表示：

「偏遠學校的教師年資每增加一年，學生數學成績可提高〇．九六分，如果能降低偏鄉教師百分之一的流動率，學生數學成績可提高〇．一五分。」

城鎮的學生學習不力，是因為僵化的常態分班使得「因材施教」無法落實。關於「因材施教」，宜蘭縣在國民教育的減C工程做得最成功，他們採取「兩班三組」的形式，將原來的課後補救教學拉回正課時間，兩個班以學習進度分成三組，再派出最有經驗的老師，負責教導最需要老師帶領的C組。讓孩子學會，絕對比考高分更有價值。目前這樣的分組形式，南投、花蓮、高雄甚至台北市也都參與試辦。

偏鄉困境：老師不見了

但如果把焦點放回偏鄉，這個分組學習就會遇到困難，因為老師都不見了。研究顯示，教師是影響學生學習成就的最重要因素，如果連老師都找不到，還談什麼基本學力「減C大作戰」？

十幾年前，我公費分發的第一所國中就在北海岸三芝國中，因為在客運路線上，定義上還不能算偏遠地區（無偏遠加給），但有提供員工宿舍。這所學校風光明媚，學生也算好教，家長更是尊師，不用整天擔心1999的投訴。這麼好的學校，若我今天回去拜訪，可能只剩兩位老師是我當年的同事，其他都申請介聘離開了。這兩位為什麼沒調走？因為他們是三芝在地人。

現在的國中小教師甄選，為了簡化行政負擔，也為了防弊，一般都採聯合甄選，考上的老師依分數選填志願，很現實的問題就是吊車尾的往往只剩偏鄉可選。到偏鄉去的老師本來就心不甘情不願，第二年開始，每年都忙著申請調校。

為了避免這種情況，有的偏鄉學校會改採單獨招生，並在簡章註明要服務滿N年（四或六年）才能申請介聘。一樣有個問題，考上的老師服務滿第N年，也是忙著填介聘要走。

我們該做的，不是質問這些老師為什麼要離開，每個人都有自己的生涯規劃。我們該思考的是：為什麼留不住人？

立法院教育及文化委員會提出的《偏鄉教育法》草案，針對師資、津貼獎勵訂出規則，甚至提出「偏鄉教師證」，鼓勵優秀教師投入偏鄉教育，穩定師資。教育部的《偏遠地區學校振興條例》草案也提供教職員及學生免費住宿，為吸引教師留任意願，包括校長任期、人事經費及聘任模式，都將鬆綁。

有穩定師資的共識很好，但我坦白說：

第一，自己的孩子自己教，多聘用在地老師才是穩定師資的根本。目前離島有公費制度，但經費有限，本島偏鄉不需仿效。至少可採行教甄加分制度，讓原鄉出身的師資培育生有差異性錄取標準。我們不需要最會考試的老師，而是最能陪伴孩子的老師。

第二，偏鄉學校大多規模小、班級數少，老師兼任組長每週還得上至少八節課，加上超鐘點更得上到十幾節課，問題在於上級公文量是一體適用，並不會因學校規模小就相對減少，有些規模更小的學校更得一人兼兩個組的業務量。行政負擔不大砍，老師能不逃嗎？

最後是社會觀感，這可能也是最核心的問題。一樣是老師，新北市貢寮國中跟台北市金華國中，你比較想給哪個學校的老師教？金山高中校長與建國中學校長，你想聽誰的意見？如果社會仍崇尚明星學校，記者採訪時也喜歡以明星學校的說法為準，甚至上級在拔擢人才時也都優先注意明星學校，只會讓校長與老師都嚮往明星學校的光環。也許會捨不得離開孩子，但為了個人生涯升遷，只好一步一步往明星學校「邁進」。

老師流動的問題一天不解決，偏鄉教育就迎不到春天。這件事跟你我無關嗎？不，別忘了那是我們的孩子，是整個社會的責任。

六、全面免試入學，小心成了階級複製的幫凶

十二年國教全面免試入學根本是個假議題！早就免試了。由於嚴重少子化，全國公私立高中職的名額已經遠大於國中畢業生總數，而且公私立學費也齊一化了。換句話說，任何國中生只要想繼續升學，完全不用考試也可以申請入學（其實升大學也早已是完全免試了）。至於想申請所謂「學術型高中」的學生，由於僧多粥少，只能以筆試（也就是會考比序或者特招）決定。現行制度大致就是如此。

理想上，以學區入學為基礎，邁向全面免試入學，自然可以消滅明星高中的問題，如同當年廢除初中聯考制度一般。我知道這是某些教育團體的理想藍圖，理念上我當然支持，本來就不應該獨厚明星高中，我們過去真的給明星高中太多資源跟光環，忽略了「有教無類」平等對待的精神。

但在實務上，「學區入學」卻會破壞「因材施教」這種差異化教學的教育方式。現在的國中會考（以前是基測），具有一種篩選機制，同一所高中職的入學學生都具備差不多的學科能力，高中老師上課時也較能掌握學生的學習進度。申請職業學校的學生，也因為有分科，如：鈑金、汽修、電子、餐飲、美容美髮等，高職老師得以確實「因材施教」。

不同學校本來就該有所差異，但這差異指的是「辦學特色」，若把所有高中職都改成「均優質」，再加上「學區入學」，將會引發幾個災難：

1. 現有明星高中學區房價首先飆高，由於各地明星高中多處於市區精華地段，最後一樣形成類似現在的「明星國中」學區概念。

2. 強迫就近入學，結果自家學區內沒有職業學校可念，剝奪了學生選擇權，只能被迫念不符性向的普通班高中。

3. 「均優質」是站在提升普通班高中為出發點，因此不被重視的職業學校首先萎縮，再來是學術型高中被消滅，最後高中統統國中化。

4. 家境好的學生紛紛搶進私立國中、高中，私立國中可以直升私立高中，私立高中又不需「學區入學」，還可以採取補習班集中管理式的填鴨教育，方式雖然荒謬，卻有利大學升學錄取率。

教育政策不同於其他，必須穩步踏實、緩慢中求進步，尤其要多聽實務意見，特別是基層國高中老師的聲音。基層教師不是洪水猛獸，也不是冥頑不靈的抗拒者，他們也希望能把學生教得更好。

後記

《階級世代：窮小孩與富小孩的機會不平等》作者普特南（Robert D. Putnam）在書中提到，貧窮小孩因為資源有限，無法像富裕小孩一樣充分發展天賦。這種「機會鴻溝」製造出來的經濟成本每年合計約五千億美金，相當於美國GDP的百分之四。其中減少的生產力與經濟產出約百分之一．三；犯罪提高所要付出的成本百分之一．三；提高醫療經費以及減少健康的價值是百分之一．二。

這本書的原書名《Our Kids: The American Dream in Crisis》表達得更傳神，弱勢家庭的學生，不是別人的孩子，他們是「我們的孩子」。因為機會不平等所造成的階級複製、貧窮世襲化，惡果最終會危及經濟成長與民主效能，危及美國人最引以為傲的美國夢：那是曾經不論出身背景為何，只要肯努力，每個人都能擁有相當程度的發展機會。有一天當這個夢破滅了，社會終將付出更大的成本來收拾後果。

我們為什麼要這麼關心社會流動？在古代封建社會裡，出身決定地位，那是一種宿命的觀點，貴族／平民階層分明，這種出身決定論在資訊落後、封閉系統的社會裡，也許難以被推翻。但是來到今日，現代化社會是開放性的社會，這種社會講求的是「成就地位」，個人可以透過後天的努力發揮個人才能、改變社會地位，並進一步帶動社會的進步。

人不能決定出身，但人可以擁有夢想。教育，正是在社會流動上，最能起作用的關鍵。可惜的是，這些優勢家庭的學生，往往認為自身的成功是因為個人努力所得來，而良好的學歷更使他們將來出社會能擁有更好的職業與社會地位。最後再來數落那些低階低薪的底層工作者，說他們因為當年不努力才「淪落」至此。

想想看，一個都市學校的高中生考了學測滿級分，你真的以為都是因為他們先天智商高再加上自己後天努力的結果嗎？如果把你放在南投縣山區的部落裡，待個十八年再來考學測，捫心自問，你能考幾分？

是環境造就這些人的成功，而他們從來就不自知。

我自己在台北市教書，學生的家庭背景、社經地位普遍都高，有時候學生會怯懦問我：「但好環境是爸媽給我的，我該怎麼辦？」這正是我希望學生可以著力的地方。沒有人可以選擇出身背景，你們當然要感謝父母親的努力，但你們可以多思考，對於這些弱勢家庭的學生，我們可以怎麼幫助他們。

從學生的反應，我知道善性是可以啟發的。高社經地位不意味著高傲，重點在於能不能認知到個人將來的出路確實會受社會結構所影響，並且保持謙卑，將心比心、感同身受，關懷弱勢出身的同儕，其實這就夠了。

只有社會具備高度共識時，政府才有依靠，也才有足夠的集體力量，大刀闊斧地進行脫貧翻轉政策。這過程難免要進行資源重新分配，但相信在同理心的發酵下，大家也較能接受弱勢家庭享有較多的補助與政策優待。這些不為別的，為的是「我們的孩子」啊。

第三章

教育高牆

——把老師還給學生

【教育高牆】

第三章　把老師還給學生

「通往地獄的路，都是由善意鋪成的。」——海耶克（Friedrich August von Hayek）

一、當老師很輕鬆嗎？

當老師很輕鬆嗎？常常有人這麼問我。兩年來，因為寫了《思辨：熱血教師的十堂公民課》，較常在媒體上曝光，也有許多演講、專欄、媒體採訪等露出機會，加上不喜歡透露工作的辛苦面，所以容易讓人誤以為老師是個輕鬆的行業。我承認自己不是好老師，但是在教育界也待了十多年，看過許多老師在教學上的熱情與付出，對於老師被汙名化的幾個常見迷思，在此提出一些想法。

迷思一：每年都有寒暑假，不用上班還有薪水可領，真好

是啊，但我寧可不要寒暑假，請還給老師生病的權利！寒暑假加起來兩個多月，聽起來很棒，但別忘了，老師還得準備下個學期的教材，即便是在家休假也得備課。至於備課外的時間，雖然可以讓老師安排出遊行程，但一律得擠在機票、住宿最昂貴，旅客也最多的寒暑假出國。

還有一點，老師除了寒暑假外，是沒有出國權利的，除非有正當理由並且向長官報備獲准。我曾聽過一個真實故事：某位老師的兒子在美國攻讀博士，兒子人生中最光榮、最重要的六月畢業典禮，她卻因為是老師而不能陪在孩子身旁。

另外，因為有寒暑假，所以老師沒有年假、慰休假，一年事病假併計就是十四天。但是，最大的問題是老師不能隨意請假。這和老師的工作性質有關。試想一位老師若突然生病想請病假，他的課該怎麼辦？請假要自付代課費不打緊，臨時要他去哪找代課

老師？找同事嗎？同事也有課要上啊，就算同事願意犧牲時間來幫忙，學生能接受嗎？突然來一個陌生的老師，學生不見得願意乖乖聽課。

迷思二：有十八趴[3]，退休金又多，真好

錯！十八趴的福利早在一九九五年就取消了，現在各位看到的在職老師從來就沒有十八趴。再來，我每個月薪水七萬元（職等四百七十五點），要強制扣繳公保與退撫儲金四千五百元（以提撥率百分之十二計算，未來還要調成百分之十八）。可是，我那些領同樣或更多薪水的業界朋友們，每月要繳的勞保加勞退少於一千元的比比皆是，因為勞保設有投保天花板（四萬五千八百元）。

這就和儲蓄是一樣的道理，老師每個月存得多，雇主（政府）又確實相對提撥，再加上複利計算，能領到的退休金當然會比較高。

迷思三：不用打卡，四、五點就可以下班，真好

對，可是想想，班級導師早上七點半就要開始上班看學生早自習，中午沒有午休（老師們通常都是利用午休處理班務跟回答學生學業問題），若以《勞動基準法》規定每日上班八小時來計，其實下午三點半就可以打卡下班了。目前的勞工問題在於企業主往往濫用所謂「責任制」的剝削，才會變成上班打卡制、下班責任制。我的立場是，冤有頭債有主，不檢討企業主的違法問題，反而以不用打卡這點來扭曲老師這個職業，好像本末倒置了！

迷思四：下班後就沒事，免加班，真好

假設一個班有三十五名學生，每位學生的家長每週打半小時電話給老師，談孩子的事情，以一週七天來算，老師平均每天要接二．五個小時的電話，也就是每天加班二．五小時，而且假日也要加班，更沒有加班費。每個家長的半小時，其實是老師的

3. 退休軍公教人員優惠存款，是中華民國政府設置讓軍公教人員將退休金以及公保給付存在台灣銀行所能享受的特別優惠利息待遇。在一九九五年實施退撫新制後，新進人員不適用此優惠。現行軍公教優惠存款利率為年息18％，故此制度常被簡稱為軍公教18％，口語讀法為「軍公教十八趴」。（資料來源：維基百科）

十七．五個小時啊！

每個行業都有它的辛酸面，每個人也都有他的甘苦談，如果都是受薪階級，都要繳所得稅，大家其實都在同一艘船上。今天勞工的困境應該是GDP增加、經濟成長，實質薪資卻十六年不漲，才造成社會上對老師這行業產生誤解。

數字可以證明，一九九六年，受僱人員報酬占GDP比重還超過百分之五十，到二○一五年僅剩百分之四十三．九七。相較之下，企業的營業盈餘占GDP比重卻由一九九六年的百分之三十一，攀升到二○一五年的百分之三十五．○八。兩相對照，這十幾年來，受僱人員報酬占比下滑了六．○三個百分點，營業盈餘卻增加了四．○八個百分點。簡單來說，你薪水變少不是因為GDP變小，而是因為老闆拿走太多！[4]

當然，這並不是抱怨，而是希望大家能正視這些謬誤。而且，教育是良心事業，它有可貴與迷人的地方，如果看一個孩子長大讓你有成就感，那老師一次看著三十五個孩子成長，心裡的滿足感豈是薪水多少、放假多少能衡量的？

如果，你很有熱情、很有理想，想改變這個社會，我會告訴你，這裡有很多願意為學生無私付出的老師們，歡迎加入教育的大家庭，這裡永遠需要你！

二、我們需要怎樣的老師？會教書，還是會寫報告？

《東森新聞》做過一個〈教改20年大檢視 老師累了不如歸去〉專題[5]，上級長官一直交辦繳交不完的調查表與報告，不斷地「檢視」著老師，讓老師變成「勞師」。一所只有六十七人的小學校，一位老師一年竟然要提交九十五大本的報告書！

新聞報導引發教育界廣大迴響，許多老師紛紛投書或分享個人經驗。事實上，行政業務龐雜正是搞垮老師、破壞教學的元凶。一位退休國小老師藍聰文在媒體投書表示：

> 筆者回想二十幾年前剛擔任小學教師時，雖然班上有四十八名學生，但是擔任導師的自己總能利用科任課的空堂備課，有充分的時間來準備對於學生的教學，班級經營亦游刃有餘。退休前一年擔任導師時班上只有二十二位學生，即使如此卻感覺比以前更忙，因為有許多空堂時間都在製作成果、整理學生學習單、學習照片、活動照片……一切只為了那許許多多上級單位的考評。

4. GDP＝受僱人員報酬＋生產及進口稅淨額＋固定資本消耗＋企業營業盈餘。
5. 二〇一六年七月十三日，https://www.youtube.com/watch?v=kQkSFc1zeqc。

有沒有人想過，為什麼我們需要那麼多考評？不就是少數害群之馬惹的禍。我聽過一個案例，有位就讀某公立高職的學生，想報名參加某個技能競賽，需要老師的簽名，眼看截止期限就要到了，卻遍尋不著老師。老師明明沒請假呀，人呢？原來是去菜市場買菜了。原來這老師平常上課就不認真，影片放一放就下課了，反正不是考試主科，學生也見怪不怪。直到這次找不到人，技能競賽沒得報名，甚至影響到孩子的未來升學，家長才真的氣炸了。不只這個案例，該校有好幾位老師也依樣畫葫蘆。

現行教師升遷制度只參考年資，年資愈高薪俸愈高，完全脫離能力績效考量。也因此，我們會聽到極少數老師上課有多混：課本從頭唸到尾、只會要學生死背，播放與教學無關的電影拖時間、從期初看到期末，不然就是像個木頭對著黑板講課、不管學生反應……。儘管如此，因為這些老師資深，考績依然甲等，薪水還多新進教師好幾萬元。這也是為什麼很多教育、家長團體不滿老師的根本原因。

這種誇張事在都市以外的地區特別多，都會區學生跟家長懂得投訴，1999專線某種程度也制約了老師上課的態度。問題在偏遠或偏鄉學校，敬畏老師的傳統、相對純樸的民風，反而使得少數不適任教師得以無法無天、視學生受教權於無物。

現行體制雖有處理不適任教師的機制，但權力落在各校的「教師評審委員會」，這些委員都是學校老師互選產生，即使有校長與家長代表，由於法令規定「本會委員中未兼行政或董事之教師不得少於委員總額之二分之一」，加上《教師法》第十四條規定某些情節，例如「教學不力或不能勝任工作有具體事實」之解聘、停聘或不續聘，至少需教評會委員三分之二以上出席及出席委員三分之二以上審議通過。

換句話說，如果教評會有超過三分之一的同校老師基於多年同事情誼來個「師師相護」，那這位教學不力教師依然可以我行我素直到退休，再領月退俸。

「個人造業個人擔」，現行不適任教師處理機制才是教育當局與相關團體最該關心的議題。放錯重點、搞錯對象的結果，就是生出一連串莫名其妙的評鑑指標，例如「教師專業發展評鑑」。根據官方說法：

「教師專業發展評鑑」亦即藉由評鑑方式，評估教師教學的優缺點，對此提供改進方案，協助達成專業發展的目標。其重要性有三：其一是確保教師具備教學專業能力，透過評鑑使教師檢核、了解教學優缺點並改進；其二是促使教師教學方法和內容能與時俱進；其三是提升教師的教學效能及學生學習成效，並能引領學校革新。

我完全贊成老師授課應該公開、被外界檢視，也可以被錄影錄音，既然是對學生講課的內容，自然不需要躲躲藏藏，經由校長、主任或同儕教師的觀課，給予善意的建議，某種程度上的確可以補足自己看不到的盲點，增進老師的教學能力。但是，這麼簡單易行的政策，一句話交代下來就好，上級卻設計了一個高度複雜的指標檢核表，說說我個人的經驗：

我花了整整三天半的時間認證研習，兩年的學習與等待，兩次觀察前會談溝通，兩次入班觀課並錄影錄音，兩次觀察後會談討論，最後湊出滿滿三十三頁，一萬兩千九百七十八個字的觀察報告，最後卻沒通過。

如果這不是整人，什麼才是整人？

光是我被退回的這份報告，就包含：教師自評表一份、觀察前會談記錄表兩份、教學觀察表兩份、軼事記錄表兩份、省思札記回饋表一份、觀察後會談記錄表兩份、教學檔案評量表一份、教學檔案評鑑後會談摘要表一份、綜合報告表一份、專業成長計畫表一份。我耗費大量時間，寫出洋洋灑灑近一萬三千字的「評鑑人員進階培訓認證」報告，上級長官卻評為不通過，翻成白話就是「我不會觀察老師上課」，因為我沒有「完全」照指標來寫。

我曾經獲頒教育部「實習輔導教師卓越獎」，也輔導過多位實習老師，其中有很多位現在已經是高中的正式老師，從觀察報告被退回這件事來看，原來我連「觀課」都不會！

除此之外，現在動不動就來一堆「XX教育」、「YY宣導」，《親子天下》記者在採訪一位偏鄉國小老師時，看到這樣的真實情況：

> 在開學第二週的某一天，老師就對學生做了國防、登革熱、洗手、護眼、口沫傳染、交通安全、毒品的宣導，他說：「今天有愛滋病、性別教育、家暴防治、性侵害……每一項都要拍照留檔案做紀錄。」採訪沒多久，老師又匆匆忙忙：「啊，不好意思，我要去準備一下，下一節要做青春期的宣導。」

為了讓媒體拍攝有一些「亮點」，校長也好方便宣傳辦學績效，現在也流行「ZZ計畫」，學校每年都要寫計畫向上級申請經費。以台北市來講，光我聽過的就有領先計畫、亮點計畫、均優質計畫、前瞻計畫、特色課程、本位課程……再加上每年每季的訪視、評比，還有各種支援教育局的活動、考試、招生會、說明會、博覽會、運動會等。我教了十幾年的書，一週五天都待在學校，現在依然搞不懂，到底有多少「計畫」要忙？

從定義來看，學校行政是指：「對學校教學以外事務的管理，以求經濟而有效的達成學校教育目標，滿足成員需求的一種歷程。」照理說就是擔任後勤角色，支援第一線教師教學工作，並作為老師間溝通協調的橋梁，完成有效率的教學。

然而，現在的學校行政，除了被一堆「聽起來」很厲害、很有教育愛的計畫壓得喘不過氣，還要全體老師配合演出，跟著寫計畫搞評鑑，這種由上而下不斷冒出、層層交辦下來的行政業務，除了逼著老師們把大量教學時間浪費在寫報告和準備資料外，何來「經濟而有效達成目標」可言？

而這些族繁不及備載的宣導與計畫，上級長官為了避免基層老師偷懶不做，還要安排教育評鑑來檢查。也許有人會說，既然問題出在評鑑，為何不將這些評鑑報告減量？

其實真正該問的是，為什麼教育長官始終聽不進基層的聲音？

教育評鑑「產業化」

因為那些上級長官們，也許現在或未來會成為這個「產業鏈」的一分子。這些複雜無比的指標，是一個利益共生體的概念，只要看看都是哪些人到學校「視導」就能略知一二——設計出指標的教育相關科系教授們，靠它贏得學術地位，四處兼差演講還受人景仰；教育部門的某些事務官僚靠熟悉這個業務鞏固位置，即使換了部長、局長也不影響，依然賴著高位；一群國中小、高中的退休校長藉此擔任評鑑委員四處趴趴走，還能找回昔日被人簇擁的虛榮感；最後，還有一群認真研究指標、參加研習認證的現役老師靠這個制度擔任講師，還可以兼賺鐘點費。

對了，這些人之中，很多都還是學長、學弟或師生關係呢。這樣的利益共生體，真正的高層根本管不著。而有些「訪視委員」除了賺出席費，態度更是讓人不敢恭維。

台北市教育局某次的教育評鑑，一位教授在看校務資料時，坐在那邊看報紙、滑手機，基層行政人員眼巴巴、畢恭畢敬在一旁等候教授差遣。當大爺看報紙也就算了，在評鑑時又臭臉批評一位認真的基層教師：這位老師為了辦好學校的特殊教育，希望特教學生都可以擁有一對一的教師輔導，由於上級經費不足，老師因此向家長會募款補足差額。這樣戮力負責的教師，卻被剛看完報紙的大教授批評是能力不足、只會向家長伸手要錢。

老實說，那些每堂課都靠放影片帶過的老師最會寫指標報告了，因為他每節課都可以悠閒寫出滿滿內容的教學報告，還附上一份份精美的教學檔案；至於真正認真投注心力在上課、改作業、出考題再加課後輔導的老師，請問他們哪有時間寫繁複無比的表格跟指標？

「劣幣逐良幣」，這就是我看現行「教育評鑑」的最大災難。之所以直言不諱指出評鑑制度的愚蠢，正是不希望全國二十萬中小學教師們，被這些PAPER WORK整垮。我們需要的是能面對學生、會教書的老師，而不是只會搞指標、寫報告，再印出大量精美資料的老師。

三、服務上級傷身，服務自家人傷心

每年暑假開學前，總是會出現這樣的新聞：

> 有國中的主任、組長因是新進人員，列為超額老師將被「釋出」；還有學校因校內師資沒人願意當主任，還去他校挖角；新學年要開始了，某縣市逾二十所國中小的行政團隊人事沒喬定。
>
> 〈國中小行政荒　主任沒人想當〉[6]

這些一般大眾看了會訝異的新聞，在我眼裡卻是稀鬆平常的事，毫不意外。其實從前教育界並沒有這樣的問題，學校行政人員都是由表現卓著的資深教師擔任，菜鳥教師從導師開始歷練，累積一定教學與班級經營能力，由長官拔擢擔任行政組長，組長擔任了一定年限後再升任主任（國中小還要經過主任儲訓），最後考上校長，形成一套完整的人才甄拔機制。

現在呢？各位不妨隨意找間學校看看，你會發現，擔任組長的都是剛考進來的菜鳥正式教師，這還是比較好的情況，很多學校（不論偏鄉或都市）連新進老師都找不到，便乾脆開個代理教師兼組長的職缺，反正代理教師連法令都不太想保障，能拗一年是一年。

其實組長或主任的職務加給比擔任導師要來得高一些，現行中小學導師加給三千元，組長行政加給則至少有三千七百四十元，擔任主任者還可領到五千一百四十元、六千七百四十元。再加上國民旅遊卡，一年最高可有一萬六千元的休假補助費。

政府該給的好像也沒少給，為何還是找不到人來做？難道是正式老師都欠缺教育熱

6.二〇一五年七月九日，《聯合報》新聞報導。

忱？並不是。前文已提過，那些專門砍樹、浪費紙張的教育評鑑，才是最大的問題。要承受上級施加的壓力就算了，有時更大的問題，出在應算是自家人的學校老師與學生家長，那才真教人心寒。

學校老師

學校行政都是老師兼任的，說起來都是自己人，怎麼校內的老師還會成為壓力來源？當然多數老師都能體諒行政人員的辛苦，但每間學校難免都會有些例外，隨便到教務處打聽打聽，每年的寒暑假，光是處理各班排課，這些組長、主任就會接到多少同仁打來的「關切」電話，過分一點，當場拍桌的也大有人在。行政人員寒暑假要上班也就罷了，還要被同仁這樣羞辱，情何以堪？

開學後，每天早上八點上班最害怕的就是接到某些同仁「再度生病」的電話，當天課表直接丟給教務處。八點十分就是第一堂課，不到十分鐘的時間，要到哪裡生出代課老師？老師也是人，難免會生病，這個忙當然要幫，但做過行政人員的都知道，每所學校總是會有幾個特別容易「臨時生病」的老師，而且一請假就是三天。

為何是三天？因為老師請一天病假要自費花代課費，請三天以上是國家出代課費，所以有些人明明沒什麼病，卻會故意找醫生開證明，請三天以上的病假。一家不給開，就再找下一家。而且往往是到了當天一早才打電話到教務處裝病，完全不管行政人員臨時要去哪找代課老師。我聽過一個最誇張的例子：

某位正式老師剛好在三天連續假期「前三天」生病，當天早上八點打電話給教務處行政人員（接電話的行政還只是代理老師），說自己身體不舒服，給醫生看病後開了張「宜休養三天」的醫生證明，想當然耳，接下來兩個上班日也可以休假了。

為什麼會特別引起關注呢？因為該位老師，一年內有兩次在連續假期前三天生病。是巧合嗎？沒人知道。或許天底下就是有這麼剛好的事。無奈？但是，你能不准他假嗎？兼行政的老師就該倒楣幫忙安排代課嗎？沒辦法，人家依法就是可以請假。

學生家長

要應付同事就夠累人了，有時學生家長還會補一腳。這年頭，學校早就轉型成「服務業」，家長絕對不會有錯，千錯萬錯都是學校的錯。

說說我自己擔任合作社經理的例子。

每年暑假學校合作社販售制服時，我都會找繡學號廠商在一旁服務，家長買了孩子的制服後，可以自行決定要不要由學校廠商代繡。因為有冬夏季的制服運動服，廠商速度再快，現場排隊都得等一個小時以上。於是我們告知家長，可以先把衣服留著，廠商繡好學號後會在開學前，新生始業輔導時發還。

結果，我就被投訴到1999了。

有位自稱是教育部高階官員的家長，批學校無能，繡學號這種小事竟然讓家長在炎熱的天氣裡等這麼久，排隊也沒提供椅子等，還下了一長串應該怎麼做才對的「指示」。身為無能負責人的我只能照單全收，先挨罵一頓再寫檢討報告。

那次經驗過後，隔年開始我就不安排廠商了。依校方委託合約，我本來就只需要販售制服，並不包括繡學號服務。記得當時學校繡一件上衣只收二十元左右，校外繡一件約四十到五十元，好心替家長省錢，卻要被羞辱，還得出面道歉，這就是小小學校行政人員的工作實情。

相信基層校長們也都知道問題出在哪裡，當你們埋怨找不到老師擔任組長或主任時，是否偶爾也發揮一下道德勇氣，勇敢向外界說出實情？總不能每年都看著菜鳥教師被迫擔任行政人員，再一把鼻涕一把眼淚地等著下一學年有新的替死鬼「抓交替」吧。

四、請善待下一代老師

每年八月一日新學期開始，就會有幾千位大學或研究所畢業、修完師資培育課程，充滿熱情與理想的實習老師投入教育工作。但是，他們在大學或研究所習得的教育熱情，可能在第一天就被徹底澆熄了（如果有實習老師七月就上班，學校又沒給補假，那你已經被占便宜了）。

這些人之中，有一半是來做白工的，因為隔年三月的教師檢定考試，錄取率是百分之五十·七七（二〇一六年及格人數四千兩百一十七位）。不及格的實習老師，真有志投身教育，麻煩先白費一年青春再來考。

另一半順利通過教檢考試的也不用高興得太早，因為全台跟你一樣領有教師證的流浪教師有八萬人。想進入公立學校任教難上加難，近三年甄選的錄取率都只略高於一成，光是二〇一四年的教師甄選就有多達三萬五千人落榜。

政府財政收入不佳，現在又是少子化年代，一味要求提高班級生師比，增加教師員額，最後一定會面臨超額教師問題，這不是負責任的做法。我想說的是，多年來師資培育制度存在很多問題，但是上從教育長官，下至師培學校，大家都不說真話，而放任更多年輕人浪費寶貴時光在教師的檢定考試與甄選上。

嚴格說來，實習教師其實不算學校內編制教師，他們是師資培育學生，要向師培大學繳學分費，再到基層學校（國小、國中、高中）實習一個學期，實習分數及格後才能在隔年三月參加教師檢定考試，最後以平均五成多的合格率取得教師證書。

教育實習指的是到基層學校觀摩，其中包含三個部分：

【教學實習】

這是最重要的部分，實習教師將來要參加教師甄選，教書是最基本的能力，要在一個學期內把握機會向實習輔導教師請益，培養實際教學經驗，成為能獨當一面的教師。

【導師實習】

《教師法》明定教師有擔任導師之義務，因此學習擔任導師、觀摩班級經營實務，亦為重點項目。除了教學，如何與學生良好互動也是一個好老師應具備的能力。

【行政實習】

學校行政主要分為教務、學務、輔導三部分，實習教師人致了解行政體系的類別與運作即可，遇到大型活動時則支援協助，然而，所有災難就從這裡開始。據我所知，各校實習教師都會被當成行政人員，座位往往會被安排在行政處室，除了上下班時間得準時到校外，還有一堆電話要接，處理雜事、跑腿，甚至假日加班、課外活動支援等等，能拗就拗，不管什麼場合，絕對少不了實習教師。這些實習教師連請個假都膽顫心驚，就怕任何一位長官「不滿意」。

很多老師或長官會表示：「實習教師就是來學習的，本來就要多學多做。」還會說：「年輕人嘛！我們以前也是這樣走過來的。」（其實他們當年很多是公費生直接分發，而民國八十六年以前的公費畢業生並不需要實習。）甚至跟實習教師說：「教育圈很小，將來你們去考教甄，別校都會來打聽你們的實習表現，我們都會據實以告。」（這是在威脅還是利誘？）

我很納悶，這些工作為什麼不找專職的老師來做？我們這些教學老師，沒有人是可以一次做授課、導師、行政三份工作的，甚至很多人只想當教學專任教師，導師工作一律丟給代理或代課老師去做。試問，如果資深的正式老師光應付一種教學工作就大喊辛苦，為何我們卻要讓實習教師一次承擔三種工作？是因為他們不敢吭聲，而且分數掌握在我們手上，將來教師甄選之路可能被我們封殺？

教育現場中，很多老師都知道這制度下的荒謬，但每個即將或正在實習的老師都不敢吭聲；順利結束實習，取得教師證甚至考上正職的老師，又會抱持反正自己已經熬過來的心情，只是默默對下一梯學弟妹寄予同情而沒有其他作為。

於是，這個自民國九十二年就錯誤修改的《師資培育法》，十多年來都是如此耽誤著數萬名年輕教師的青春。

關於《師培法》，至少有兩個可以盡快修改的方向：

第一，教師檢定制度。現行規定是，要先修畢師資培育課程，再經過半年中小學的實習，實習通過後再考教師檢定。前面提過，教師檢定的錄取率只有百分之五十，所以這之中只會有一半的人及格，另一半則是來被糟蹋的。應該改成修畢師培課程後，先進行教師檢定考試，及格者才能進入學校實習。檢定考試　年甚至可以舉辦兩次。

第二，實習老師的定位。現行規定仍把這些大學與研究所畢業的實習教師視為學生，所以他們要先繳交學分費給大學端，再到中小學擔任半年的白工。為何說是白工？因為他們的身分是「學生」，所以實習老師不能單獨上台授課，不能單獨完成任何老師可以做的事情，這意味著實習老師不能當代課老師、領鐘點費，也沒有加班費。

一定會有人說：「他們還沒有教師證啊，怎麼可以上課？」其實，受到各界高度肯定的「為台灣而教協會」（TFT）老師們，即是出身體制外的師資培育，他們雖然未必每位都持有教師證，但能力絕不比一般老師差。

過去法令允許用一年代理教師的年資折抵實習（沒有教師證也可以領薪水），現在法令卻愈修愈倒退，不准實習老師領薪水，反而是未修過師培課程的大學畢業生可以直接到學校擔任兼課或代課教師，甚至是領月薪的「代理教師」（教師甄選第三招即可開放）。

教育部已提報《師培法》修正案，預計最快一〇七學年度開放師培生赴偏鄉或海外僑校擔任代理教師兩年，可折抵半年實習，這確實是好事一件。

如果大學研究助理遇上勞雇爭議，有「學生會」幫忙發聲；正式老師有「教師工會」幫忙爭取權益，我們又怎能讓夾在中間的實習教師，成了沒人願意為其發聲的勞動孤兒？請善待實習教師，還給他們該有的勞動尊嚴。

五、教師節快樂？老師每天都活在被投訴的恐懼中

每逢九二八教師節，各地總是會辦幾場敬師活動，電視新聞也會不免俗地出現幾個可愛小朋友對鏡頭說：「老師，教師節快樂！」之類的溫馨畫面。

五一勞動節，勞工可以放假一天；九三軍人節，軍人放假一天。教師節這天，老師卻不能放假。有些人問我，老師們都怎麼看這一天？我說，這年頭教師早已被打為保守既得利益階級，誰還敢說要放假？

如果問你，說到老師你會想到什麼？

「十八趴」、「工時短」、「薪水高」、「寒暑假」——這些長年汙名化的刻板印象，早已把老師的職業尊嚴踐踏殆盡。

關懷台灣文教基金會董事長李濤說，公開的調查結果顯示，十個老師中有三個不想玩了，但據他私下跑遍各鄉了解後，不想做的其實超過七個：

「在現今的社會價值中，老師這個行業沒得到應有的回饋，每天做那麼多額外的事卻沒有榮譽感，比爾．蓋茲說，鼓舞老師是社會最高的投報率，所以這些年我傾全力讓大家知道尊師重道的核心價值仍然存在。」

可惜不是每位家長都跟李濤一樣，理解老師需要的榮譽感。教書生涯裡，我待過偏鄉也待過都市，感觸特別深。

我過去在三芝服務，那裡是純樸農業鄉，學校就國小國中各一間，去餐館吃飯或市場買東西，學生家長看到都會熱情打招呼，至少把老師當個讀書人，感謝老師教導他的孩子，最常聽到的一句話就是：「老師，我家孩子不乖要跟我說，我會好好修理他。」

在偏鄉，我感受到的是一種被重視的對待。

到了大都市，情況就有點不同。都市家長教育程度普遍較高，社經地位顯然也高，也許是少子化的影響，總可以感受到家長對子女教育「關心」的程度極高，甚至直接介入課務班務，有時真會讓老師喘不過氣來。不只「怪獸家長」、「直升機家長」給老師帶來壓力，還會有「BOSS家長」，簡直把老師當成他的下屬。

高中以下的學校，規定開學三週內要辦理親師座談（家長日），以往沒有智慧型手機的年代，老師還可以辦兩支手機，一支是專門給家長打的，晚上或假日勉強可以關機休息一下。但現在是Line、臉書群組的年代，親師座談當天導師直接被加入家長群組，未來三年導師就成了二十四小時全年無休的「無給職CEO」，家長可以在任何時刻傳來訊息，膽敢「已讀不回」就等著隔天被投訴。

一班若有三十五位學生，背後就有七十位家長，這裡面只要有一到兩成的「BOSS家長」真當自己是老闆，老師還快樂得起來嗎？老師每天下班回家得忙著回Line和臉書訊息給家長，隔天到校第一件事則要問：「我有沒有被投訴？」

我問過各校很多老師，「投訴」已成為老師們普遍的恐懼。

上課進度慢，投訴；上課教太快，投訴；學生聽不懂，投訴；學科被當更要投訴。反正投訴不用錢，甚至免具名，客氣一點的只打到校長室，不客氣的直接撥1999，你連被誰投訴都不知道。是學生嗎？還是家長？老師們每天站在講台上，提心吊膽地，就怕暗箭哪天會射來。

北市某公立高職老師曾遭投訴會計科目當了太多人，還指控老師上課方式需要調整、跳過部分內容沒教、威脅要當掉多數學生等，該老師寫滿兩張A4紙，上繳千字「報告書」給教育局，向陳情人說明事件始末。原來是因為有個班級六成學生被當，希望老師通融加分，但老師認為求情者多是沒在聽課、不繳作業、不參加小考的學生，因此未同意加分。

社會風氣已變，特別在少子化時代裡，每個孩子都是家長手心上的寶。家長們過往在威權教育體制長大，當年老師高高在上，打罵如家常便飯，遇到會教書、關心學生的就當是前輩子有燒好香，倒楣遇到不會教只會打的，也只能摸摸鼻子吞下去。

家長們的恐懼與擔憂，身為老師當然可以理解。但請相信我，在零體罰的年代，加上媒體、民意代表與上級長官的多方注視下，老師們怎可能又走上回頭路？

新時代的教育環境下，家長對老師的態度決定了學生如何看待老師。不需要做到「尊師重道」，更不需要送禮打金牌，但請將心比心。大家都是出社會工作的人，各行各業都值得被平等對待，也都值得擁有職業尊嚴。一個重視老師的社會，才可能期待老師發揮教學熱忱，用心回饋所有學生。

後記

《親子天下》二〇一五年一份針對全國一千兩百七十一位教師的調查中，有百分之五十七的教師認為「與教學無關的事務太多」是教師工作中最大的挑戰，教師在教學與備課（含改作業）上的時間，只占全部工時百分之五十三，其餘與教學無關的事務竟占了一半的工作時間。

到底該不該評鑑？如果沒有評鑑，會產生什麼不當的後果嗎？以同樣飽受批評的醫療評鑑來說，可以完全廢除嗎？當然不行。因為，假如病人完全不懂醫學，若沒有一個「基本的」考核評鑑制度，沒有人敢保證是不是每個醫生都能專業看診。

但是教育不同。對老師而言，我們每一天、每一堂課都在被評鑑。一個班若有三十位學生，就代表有三十個評鑑委員在隨時緊盯著你的教學。這年頭，想知道老師會不會教書很簡單，去問問教務處有沒有被投訴知道。學校辦學情況如何？孩子午餐有沒有吃飽？直接看爆料新聞絕對比等待上級視導還快，哪還需要什麼校務評鑑？

西洋俗諺說：「通往地獄的路，都是由善意鋪成的。」如果是惡意呢？指標訂得愈多、愈複雜、愈繁瑣，專家的地位就更顯重要。加上大量的訪視評鑑，專家與他們的徒子徒孫被聘為評鑑委員，便在全台走透透巡迴賺錢。

「爾俸爾祿，民膏民脂，下民易虐，上天難欺。」〈戒石銘〉的告誡歷歷在目，教育經費都是納稅人的血汗錢，是要留給弱勢家庭孩子的。

教育學上有一個「比馬龍效應」（Pygmalion effect）理論，意思是如果我們對某些人（通常是學生或孩子）期望較高，他們的表現就愈好。道理和「自我實現預言」（Self-fulfilling Prophecy）類似，一個人假若得到適當的鼓勵和認同，平庸的人也可以有突出的成就。如果一開始就認定自己會失敗，通常真的會有失敗的結果。

一個好的教育政策要推行，首先要相信老師會去做，這就和老師要先相信學生是一樣的道理。人只有被信任時才會心悅誠服去做，如果老師們總是無法得到上級長官的信任，或大家都認為沒有評鑑老師就會打混偷懶，可能只會導致「陽奉陰違」的歪風。就像學生表面上順從老師，私底下卻幹譙連連。

十二年國教課綱即將在民國一〇七年上路，特別強調課程設計要融入十九項議題，包含性別平等、人權、環境、海洋、品德、生命、法治、科技、資訊、能源、安全、防災、家庭教育、生涯規劃、多元文化、閱讀素養、戶外教育、國際教育、原住民族教育。

為避免好的教育理念再度被搞砸，在此要特別呼籲教育當局，不要又搞出新的指標來檢視基層教師是否落實。讓老師們「自願」在課堂上融入這些重要議題，絕對比「被迫」檢核來得有意義也有效果。

以我自己為例，我曾協助台北市勞動局編寫高中職勞動權益教案，勞動局也安排種子教師研習，希望各校開始推動「勞動教育」。當時勞動局的做法是「鼓勵」，做得好會給予表揚，不強迫，也完全不列入評鑑指標。先有幾個領頭羊，將來其他學校與老師也會願意跟進，我們是這樣相信的。

上級該做的是提供支援，而不是來基層製造麻煩。信任，才是教育的基石。

第四章

家父長高牆

——回歸學生本位的教育

【家父長高牆】

第四章　回歸學生本位的教育

「反抗，讓人擺脫孤獨狀態，奠定人類首要價值的共通點。我反抗，故我們存在。」

——卡繆（Albert Camus）

一、讓學生自由，老師換來更多笑容

小小的她曾被爸爸背著，牽著走過一條條道路，一幕幕街景在爸爸的保護下慢慢長大。

某天開始，她發現這個大大的世界裡
有一些讓她值得去破除，去挑戰的事情。
她依然記得爸爸的愛，
依然記得那些美麗的片段，
只是她相信，走上這些路，
是為了一個更更美好的世界。

爸爸媽媽，脫下裙子的我們
依然是您們的寶貝女兒，
但更堅定，更勇敢了。

謝謝您一路上的呵護。
現在，當我知道眼前的路怎麼闖時，
您，願意支持我嗎？

這是二〇一六年四月的下學期，北一女「北一短褲自由陣線」同學們，為了爭取自由穿短褲進出校門的權利，所拍三分多鐘宣傳影片裡的旁白。

上學期時，北一女班聯會的校內調查，就有七成多的學生支持穿短褲提案，但在期末校務會議表決時，由於師長代表有一百多人，學生代表只有三人，最終以三十二比一百零四票的投票結果否決提案。

二〇一五年十月，台中女中十多名學生在朝會脫掉百褶裙露出短褲，高喊「男女平權，短褲無罪」、「今天沒有體育課，但我要穿體育服」，並發起「一起穿短褲上學」運動，經過校內溝通與民主程序後，該校班聯會在隔年一月期末校務會議，提出「開放運動短褲進出校門」提案，最終以九十二票贊成、〇票反對確定通過。

同一時間，景美女中也有學生以臉書專頁「黃衫學潮——景女不服從」為核心，推動廢除只能穿著白鞋白襪的鞋禁襪禁。

很多人不解，這些年來高中校園究竟為何有如此變化？特別是向來在社會認知上較為保守的女校。多年來畢業校友不計其數，對於某些既有的傳統，在過去也未見反彈，怎麼現在的女高中生卻老愛找學校麻煩、「破壞校譽」？

身為第一線高中老師，我自己對此議題很有感觸。有天，我班上的某位女同學小聲地問我：「老師，明天早上擴大朝會你會不會來？」

我回她：「應該會，怎麼了？」

她說：「老師你一定要來喔，明天要檢查夏季制服，如果你沒來，教官會來檢查，但我就是不想穿裙子。」

我很訝異，原來過去她擴大朝會刻意請假不來的原因，是因為不願意穿裙子。我很嚴正地告訴她：「只要妳穿著學校的制服，就算穿褲子也是制服，這是《教育基本法》所保障妳的人格發展權。妳放心，我不會、也不該讓妳受到任何處罰。」

關於服裝儀容規定，這些年隨著民主自由的人權意識開展，一旦進到保守封閉的校園，就會引起很多爭議。質疑的觀點，約略可以分為三種：

(一) 性別刻板印象：穿裙子是優雅的象徵，女生就該有氣質

性別刻板印象指的是，對於男、女的性別角色有著僵化和過度簡化的預設和期待，例如：男生就要堅強勇敢，應該玩汽車、飛機；女生應該文靜溫柔，要玩洋娃娃、扮家家酒。這種觀點忽略且否定了個人具有獨特差異性的可能，如果還有學校老師採用這

種說法，我們口口聲聲的性別平等教育也白教了。

（二）權威式管理：學生就是要聽話

在威權時代，校規是「義務本位」，這種校規主要是規定學生應遵循種種行為準則，違反者將受到處罰。制定過程中，學生完全沒有參與制定權，甚至少有救濟管道。如今已進入民主法治時代，早該採行「權利本位」的校規，學校訂定校規的目的應以保障學生權利為出發點，並讓學生參與制定程序，這才符合人本主義的教育精神。

（三）影響學業成績：學生只要會念書就好

許多老師認為學生的本分就是好好念書，花心思在穿著、髮型上會影響課業。這樣的說法毫無說服力，如果愛打扮就會影響成績，很多第一志願的學生上課都打扮得漂漂亮亮又該如何解釋？每當我聽到又有老師在檢查學生有無染髮、襪子有沒有露出腳踝、褲子是不是訂做的，都很想建議他們，把時間和心力省下來好好備課和教書，會比較有意義。

進一步說，以老師／管理者的立場來看，當然希望校園管理愈單純愈好，至於當初為什麼要制定這些校規？統統推給傳統、校譽，回應的大抵就是「學生只要把書讀好，其他的長大後再來爭取」之類的說法。乍聽很有道理，學生不需要把時間花在服裝儀容這種「沒有意義」的事情上，何況還想挑戰校規，這是「不乖」的表現。

可是，這樣「乖」的學生真是我們所期待的教育嗎？

我常在演講時問聽眾，在你心中，理想的教育應該教出怎樣的學生？得到的回答大概不出：有獨立思考人格、能與他人溝通、有自主自理能力、能主動學習、能適應出社會後的生活等。這些回答有個共通點，都指向人們心目中的教育是以學生為主體，從學生本位出發。

但是理想歸理想，到了教育現場，大人卻又搬出「我是為你好」、「你們年紀還小」、「將來長大你就會懂」這類家父長式的權威，阻止我們的孩子／學生發展他們獨立思辨的人格。

是學習，而非造反。這才是服儀小革命的本質。

對話的機會

關於服儀爭議，蔡英文總統在就職前曾與三百多位女高中生座談，「北一短褲自由陣線」代表當場提出北一女禁止學生穿運動短褲進出校門問題，希望未來教育部能讓學生有救濟管道。蔡總統則爽快答覆：「支持妳啦！」且強調：「學校沒理由限制學生對自己的管理採取自我實現的機會。」

教育部後來也從善如流，修正《學校訂定教師輔導與管教學生辦法注意事項》第二十一條：

有關學生服裝儀容之規定，應以舉辦校內公聽會、說明會或進行全校性問卷調查等方式，廣納學生及家長意見，循民主參與程序訂定，以創造開明、信任之校園文化，新增「且學校不得將學生服裝儀容規定作為處罰依據」。

可喜的是，北一女中總算在下學期末的校務會議上，以一百二十四票贊成、一票反對的懸殊表決結果，通過學生自由穿著校服的提案。景美女中、高雄女中也同樣在校務會議上解除了服儀禁令。

這場服儀風波，其實是學生給了我們這些大人、老師對話的機會，學生透過有條理的論述、各形式的串聯及輿論來宣傳訴求，甚至自拍微電影廣告，在在展現了新世代的多元學習能量。學生要的是溝通和民主程序，這樣的理性訴求，不正是老師們所希望學生能擁有的自主能力嗎？

「時代在變，環境在變，潮流也在變。」對老師而言，這也是一種改變學習的歷程。給學生更多的空間吧，讓校園更多元，讓校規更民主，將能換來更多的笑容。

二、制服存在的意義

「世人共同面對的難題就是：每個人都必須穿制服，但同時又必須拒絕穿制服，以免自己珍貴的獨特個性遭到抹殺。」——保羅．福塞爾（Paul Fussell），《愛上制服：制服的文化與歷史》

從教育觀點來看，我完全贊同制服解禁。學校是學生學習的場所，應該尊重學生的人格自主權，要求學生齊一髮式、統一規格的制服，甚至穿白鞋白襪，等同抹殺學生展現自我風格的人格權。這並非以學生為本的教育，只是在訓練學生服從聽話而已。

認為制服應該存在的論點很多，其中有些人說大家都穿制服就不會有階級之分，其實，若真要用金錢衡量，有心炫富的學生還是可以手持高階智慧型手機、腳穿名牌球鞋，還會戴支潮流手錶來「襯托」自己的階級。

除了學校老師，我還有另一個身分是販售制服的合作社經理，但是可以的話，我真不想賣制服。以我多年經驗，每年暑假到開學期間，販售制服簡直是合作社最大的噩夢，我巴不得學生統統穿便服到學校上課。

有些人可能會認為學校藉由賣制服賺錢，「品質這麼爛，還敢賣這麼貴。」其實，制服的定價並不高，至於為何一件襯衫的價格可以壓到只要兩百多元？這牽涉到招標的問題。

政府為了防弊，一般會要求採用最低標，也就是各廠商都可以競標，最終由價錢最低者得標，這樣的政策下，能讓學生買到最便宜的制服。我當然也希望學生少花點錢，然而，在我任內曾經歷最低標廠商帶來的震撼：

有一家號稱大廠的廠商用低於別家百分之二十的價格搶到幾百萬的標案，聽起來很棒吧？結果這家廠商從到貨日就開始違約，學校已經在販售制服了，制服卻還在海上運送的途中，已到貨的褲子長度比標準短了二十公分，下水後還嚴重縮水，學生從九分褲穿到七分褲。更慘的是要退換貨和修改統統找不到人，因為這家廠商在台灣沒有工廠也沒有員工，貨品竟然是老闆開自家的房車送來的，還把學校合作社當成私人倉庫，所有庫存統統堆在合作社。

後來總務處改回最有利標評選機制，讓報價合理的廠商有機會得標，才免除這種搶標災難。但也別以為這樣就有人要標，這年頭紡織廠早已外移，標價太低還找不到有品質的廠商敢做，我就遇過多次流標的經驗。

不過這是公立學校的做法，由於過去沒有統一規範，台北市有些公立學校合作社便因利潤抽太多而被檢舉，所以現在統一規定販售利潤不得超過成本價的百分之八。實際上，販售制服的利潤僅占合作社全年利潤一成，完全不影響營運，如果可以不賣，我絕對舉雙手贊成。

關於制服存在的意義，保羅．福塞爾在《愛上制服：制服的文化與歷史》一書探討制服對於人類群體造成的凝聚和區隔效果，他解釋了一般人一方面希望融入人群，另一方面又想凸顯個人特色的矛盾狀況。

以我自己任教的高中為例，畢業校友每年十一月初校慶時都會在全國各大學舉辦「制服日」活動，讓這些分散各地的校友透過聚會、拍照、打卡的方式，共同回憶過去的美好時光。平常如果校友回校，第一件事就是去合作社，買運動短褲還有制服裙，有些還一買好多件，原來是幫其他校友買的。

有次我問校友，為什麼畢業了還買制服？他們說學校制服便宜又耐穿，而且好看。那瞬間我懂了，「以校為榮」的實質認同，才是制服存在的意義啊！

三、體罰學生的理由

學校老師能否體罰？當然不可以。

《教育基本法》第八條載明：「學生之學習權、受教育權、身體自主權及人格發展權，國家應予保障，並使學生不受任何體罰及霸凌行為，造成身心之侵害。」《教師法》第十四條也明訂，教師若有「體罰或霸凌學生，造成其身心嚴重侵害」事由，教師評審委員會可予以解聘、停聘或不續聘。

既然法律條文已清楚條列，加上多年的師資培育，相信所有老師都知道體罰的嚴重性，為何這樣的事情直到今天依然存在於某些校園？為什麼還有老師體罰學生？目的何在？體罰不是兒戲，老師之所以會採取這麼激烈的手段，可以分兩個層面來看：

(一)不打不成器

最常見的原因大概就是學生不好好念書了，例如作業不交、考試考不好等。俗話說：「教不嚴，師之惰」、「不打不成器」，老師為了學生的學習，只好拿起教鞭體罰，直到學生考出「理想」成績。

要檢視一個行政行為合理與否，可以用行政法的「比例原則」作為檢視標準——這個行政措施或手段必須能達成所期待目的。就體罰而言，老師該問問自己，體罰這樣的手段真的能達成學生讀書的目的嗎？

從小讀書過程中，我都苦惱於自己不夠聰明。如果打了就會變聰明，請老師先好好打我一頓吧！

但這是不可能的，腦子怎麼可能打了就變聰明？

若有人說，學生會因為怕被體罰而「讀書」，我想那也並不是真的學習，而只是制約反應，像在訓練動物吃飯和排泄一樣。

更重要的是，只以考試成績來衡量學生讀書的成就，已完全忽略多元智能的可能性。

(二)學生品行頑劣

每個班級或多或少會有所謂「品行頑劣」的學生，然而校園中的「品行頑劣」其實很難定義，翻閱各校校規，大致是指上課吵鬧、不服師長管教、吸菸喝酒、霸凌同學等，但未達《少年事件處理法》第三條所指，有觸犯刑罰法律或有觸法之虞的程度。

最讓老師頭痛的，當然是遇到這樣的學生，特別在國小、國中階段，班級經營著實要花老師不少心力。學生頑皮搗蛋怎麼辦？師資培育課程教過「訓導原理與實務」，老師只要按學程所學，輔導學生從良即可。

但是，正值青春期的學生，光用講的就有用，辦公室也不會有老師在流淚了。

體罰顯然是某些老師管教學生的最後手段。不過，先不論違法與否，體罰這件事對老師其實是很危險的。

「君子報仇，三年不晚。」每年畢業典禮，生教組長都需要警察保護就是典型的例子。其實不只畢業典禮，每天下班走在路上，都得提心吊膽會被蓋布袋，這些「仇家」可能是在學的，更多是已畢業的。當老師當到如此，還有什麼意義可言？

溝通，盡可能地真心溝通。只要真心對待，我相信再頑劣的學生都能了解，老師是願意站在他的立場、為他前途著想的。但是國有國法，真的觸犯刑罰法律，也只能報警移送少年法庭。學生也必須學著成長，總不能仗著自己年紀小，就以為什麼壞事都能做。

二十年前，初任教師的一次體罰，讓台中市國小老師蘇明進如此反省：

我懊惱的是，我竟然不知不覺中傷了一位孩子？讓他誤以為所有的老師都很壞，對「老師」留下這麼不舒服的印象。為此我深感抱歉，自責不已。

當時初從大學畢業、求助無門的新手老師的我，的確是沒有能力可以解決他們的問題，沒有能力解決我在教學上的困境。

而現在，這些學生的狀況，對我應該不是問題。因為過往的每一位學生教會了我，應該從他們背後問題來思考，給予他們方法，彼此情感連結，仔細聆聽，才能真正有效提供一些改變的力量。

我所教過的孩子啊，若老師曾經在過往讓你感到不愉快，老師要在這裡致上最深的歉意，原諒當時老師還沒有足夠的能力可以教會你。我會一直學習，一直傾聽，一直反思，在我當老師的每一天裡，直到能有資格當你們的老師為止。

體罰是會讓人遺憾終身的，真的沒有必要再為體罰爭論些什麼。

四、實質的教育翻轉：反課綱行動

「在政治中，服從就等於支持。」——漢娜．鄂蘭（Hannah Arendt）

二〇一六年四月二十九日，引發軒然大波的高中課綱微調，在立法院「要求行政院教育部撤銷微調課綱」的提案表決下，最終以七十一票贊成、十五票反對，劃下句點。

如同鄭麗君立委在院會表決前的發言：

「有哪個民主國家的教科書是由〇〇〇、XXX所制定的？課綱微調整個過程，從檢核小組、課發會到課審會，全部過程祕而不宣，即使行政法院判決教育部應該公開相關審議資料，教育部仍拒絕公開，嚴重違反程序正義。身為民意代表，我必須說：人民有權拒絕黑箱課綱，學生有權拒絕洗腦教育！」

從教育的觀點來看，從二〇一四年二月四日「公民教師行動聯盟」冒雨到教育部前抗議開始，這場歷時兩年多的抗爭，扎扎實實地翻轉了教育場域的角色期待。

過往的教育期待，是要老師跟學生扮演好社會預設的角色：老師只要教好教科書的內容就好；學生則是好好把「書」讀好，這裡指的，當然是考試會考的書。至於其他發生在社會上的大大小小議題，主流社會的看法一向是「沒你們的事」。校園像被一座高牆與外界隔絕，遺世孤立。學校明明是社會的縮影，我們的教育卻硬生生切斷校園與社會的連結。也因此，對於上街頭的老師、學生，外界壓根兒不思考背後是否有其正當性，因為這些人早已被貼上叛逆、不乖的標籤，對抗教育部、挑戰執政當局，更是「大逆不道」。

但是，這些人真的不乖嗎？

也許他們才是最乖的一群，他們正在實現《教育基本法》第二條所列教育之目的：

人民為教育權之主體。

教育之目的以培養人民健全人格、民主素養、法治觀念、人文涵養、愛國教育、鄉土關懷、資訊知能、強健體魄及思考、判斷與創造能力，並促進其對基本人權之尊重、生態環境之保護及對不同國家、族群、性別、宗教、文化之了解與關懷，使其成為具有國家意識與國際視野之現代化國民。為實現前項教育目的，國家、教育機構、教師、父母應負協助之責任。

誰還敢說教育要與外界脫鉤？老師的職責，不正是協助學生關心社會、開拓視野嗎？外界不去思考行政法院判決所要求的公開審議資料，反而將焦點轉移至史觀爭論，甚至引發統獨論戰，完全脫離了大家的原始訴求。

「反黑箱課綱行動聯盟」清楚知道，史觀的解釋因人而異，教育場域要做的，就是保障多元價值並存，至於要接受怎樣的史觀，交由學生自己去思考。

史觀本來就不該只有單一面向，作家龍應台在《大江大海一九四九》裡寫道：

> 八月十五日，當天皇緊繃而微微顫抖的「玉音」從廣播裡放送出來的那一刻，台灣人，究竟是戰敗者，還是戰勝者呢？
>
> 作家黃春明說，天皇宣布日本戰敗的那一天，他的祖父興高采烈，覺得「解放」了；他的父親，垂頭喪氣，覺得「淪陷」了。十歲的宜蘭孩子黃春明，睜大了眼睛看。
>
> 是不是，剛好生在什麼年分，那個年分就界定了你的身分認同？

教育不是靈魂的禁錮，而是自由心靈的解放。翻轉教育，翻轉的也不是表面教學方式的改變，更應該是核心的思想翻轉。

著名猶太裔政治哲學家漢娜．鄂蘭在觀察納粹德國「猶太問題」的執行者之一阿道夫．艾希曼（Otto Adolf Eichmann）的全程審判後，寫下《平凡的邪惡：艾希曼耶路撒冷大審紀實》，並提出「邪惡的平庸性」（The Banality of Evil）。她認為邪惡本身並非得如希特勒般狂暴，而是可以平凡無奇地展現在任何人身上。

事實上，艾希曼是一名納粹的普通中階軍官，他只是追隨當時的主流偏見：既然政府說猶太人不是德國人，那當然不能把他們當成德國人；政府說猶太人是壞人，他們當然就是壞人。

艾希曼認為自己只是個守法的人，一切行為都只是在履行職務。因為從不思考、甚或迎合上意，最後在猶太人的滅絕上扮演了重要角色。

鄂蘭期待看到的是具有思考能力、願意負責、勇於質疑的人民，願意設身處地、從他人立場思考問題所在的人民。

而反黑箱課綱的師生們，拒絕「邪惡的平庸性」，堅持獨立思考，儘管在外界指責的逆境中，依然展現挺身而出的道德勇氣，這正是最真實的品格教育。

我不期待外界就此給予肯定，但至少先撕除「不乖」的標籤。這是思辨精神的啟蒙，也將會是未來教育的風貌。

五、公民科改變了教育現場

現今，關於台灣主體性的話題，大家可能都會將之視為理所當然，而公民運動更是澎湃發展。但是，諸如二〇一三年的洪仲丘白衫軍運動、二〇一四年太陽花學運、二〇一五年高中生反黑箱課綱運動等，難道這些社會運動都是憑空出現的嗎？

不，如果沒有前人的耕耘灌溉，現在也不可能開花結果。

其中，教育起了非常大的作用，《公民與社會》科目更扮演了相當關鍵的角色。雖然昔日的共同必修《三民主義》在二〇〇〇年廢除聯考科目，但是《三民主義》仍繼續存在課程之中，且在學測中還要加考。

直到二〇〇四年，教育部公布了新的高中課程綱要《九五暫綱》，將原先的《三民主義》、《公民》、《現代社會》三個科目合併為《公民與社會》一科，不僅徹底排除意識形態，更加入政治學、社會學、經濟學、法律等基本社會科學知識，期待能教育出具備民主意識、關心國家、關懷社會的現代公民。

然而，若不是公民科納入大學指考，這些年的公民運動，是開不了花、結不出果的。

當時社會上有許多反對聲音，很多高中校長都反對將公民科納入指考，更有校長投書媒體質疑：「道德怎麼考？」

關於這點，當時的教育部長杜正勝，在《走在風尖浪頭上：杜正勝的台灣主體教育之路》一書中表示：「我真的很氣、很憤慨，這個校長，《公民與社會》這一科上些什麼，竟然都不清楚，就亂說一通。他以為內容只有道德，這樣的校長，怎麼帶領學校進步？」

兩者相比，高下立判。

第一，「道德」當然不能拿來考試，更不該只放在公民科中。不是讓學生在課堂上背背青年守則、四維八德等教條就好，應該要融入每個科目，內化到學生的心中。

第二，《公民與社會》也不只是道德課程，總計六冊四十八章的課程裡，真正提到倫理道德的只有兩章，其餘皆為社會科學知識，是學生將來能應用到生活中的基本能力。

杜正勝是非常務實的人，他知道「考試引導教學」是台灣教育無可否認，也無可迴避的事實：「我是學歷史的，我可以說歷史有多麼重要；但對於培養現代化的國民而言，公民教育的重要性不亞於歷史、地理！」

如果不納入指考，以台灣的教育實況，《公民與社會》肯定會被當成營養課程，要不配課給主科老師去上，要不就是借課給主科考試。因此杜正勝極力主張納入指考，不但在公開場合多次發表意見，也主動向大學招生聯合會提案，最後終於促成九十八學年度增加《公民與社會》考科選項。

我本身是公民科教師，很清楚這個決策在基層高中職帶來怎樣的變化。過去長達近十年的時間裡，公民科大多會分配給國文老師，有些學校則是導師或其他科目分著上，不管怎樣就是不聘請領有正式教師證的公民老師，反正大考不考呀！據實際統計，全國各高中職竟保留了數百個公民教師缺不聘。關於這點，我的母校師大公領系的老師們可是點滴在心頭。

我始終認為，學業成績高低不是教育的本質，教育的目的在於培養學生關懷社會、關心弱勢，以及具同理心的人文素養。但是在現階段，維持一定程度的學科測驗，給予最低限度的學習壓力，是教育不得不的妥協方式。

我也相信，現今的社會科（歷史、地理、公民）老師，不再只是過去純填鴨的教學，而會為學生帶來認識社會、關心社會的能力。校園不是一道無形高牆，它不該也不會與世隔絕，如此才能期待我們的學生具備人權理念、社會正義與公民責任啊。

後記

隨著民主自由的開展，不可避免地，校園內民主訴求也逐漸深化，這些年來，以學生為主體、學生本位的管理思維，屢屢挑戰既有的校園秩序，也產生許多波瀾。

「為什麼要早上七點半到校？如果能睡飽一點，對我的學習更有幫助。」「為什麼午休一定要趴著睡覺？我想去操場自由活動，比較健康。」「為什麼上課不能看自己喜歡的書？某某老師真的不會教，我自己看書才有效率。」當學生如此追問，可能連老師也會答不出個所以然，因為可能連老師自己也不曾思考過：為什麼校規要如此管理？

國、高中的班級導師我都擔任過，同時也是一名公民老師，對於相關校園人權規定有一定程度的了解。老實說，我常常是昧著良知對學生進行某種程度的欺騙，我沒有告訴他們真正擁有的權利。站在班級管理者的立場，我願意給予學生最大的自由空間；然而，站在整個學校的立場，我不能只考慮自己，而必須顧慮其他導師，他們也有各種管理上的壓力。

當我問學生：「你們覺得是誰要你們穿著制服準時到學校上課的？」學生總會回答，教官、導師或校長。不可否認，確實有些師長看不慣學生太有個人風格的打扮，他們心目中的好學生，就是最好看不出來誰是誰。至於其他多數老師，管服儀和生活作息這種事既吃力不討好，薪水也不會變多，他們為何沒事找事做？

說到底，這些規定很多時候都是家長要求的。這年頭，家長一方面高度介入學生的學習，一方面又因為管不動孩子，而要學校老師扮黑臉。學校幾乎成了服務業，家長說的話，老師不敢不聽。謹慎保守的家長與開明放任的家長都有，各自對老師有著不同的要求，老師常常夾在中間，裡外不是人。

就像十八歲公民權的討論，其中不單是降低投票年齡一項議題，更涉及我們究竟是如何看待這些青年學生的。我認為每個人的權利都是與生俱來的，不分年紀大小都應該擁有；至於使用權利的「能力」，則要靠教育啟發。

很多老師喜歡稱學生為「孩子」，表示一種視如己出的親密感。但我從不稱高中生為孩子，他們已經十七、八歲，都是《民法》中可以結婚生小孩的年紀了。他們不是孩子，是堂堂正正的國家青年，老師得拿掉上對下的家父長式權威，改以平等相待的夥伴關係，重視學生的意見。唯有相信學生可以為自己負責，才能期待學生展現具備公民責任的態度。

我期待學生能具有獨立思考的人格，主動發掘問題，關心公平正義。今天，高中生主動關心社會議題，甚至採取行動，做了許多大人都做不到的事情，著實該多給予鼓勵。

一味地責罵，只會凸顯大人的自以為是。

因為這些學生，我看見教育的希望。讓師生、家長共同努力，推倒順民教育這座高牆吧！

第五章

歧視高牆

——告別性別不平等

【歧視高牆】

第五章　告別性別不平等

「如果有人是同性戀，而能懷善心追尋上帝，我有何資格論斷？」

——教宗方濟各（Pope Francis）

一、性平教育到底教什麼？

你聽過《性別平等教育法》嗎？你知道在此法律之下，現今校園每年都會實施性平教育課程嗎？

那你知道這個法律本來名為《兩性平等教育法》嗎？因為一位少年的犧牲，從此改變了法律的名稱，也讓社會從此不再只單純關心生理上的男、女兩性，進而開始關注性別認同、性別特質、性傾向等面向，更因此保護了許許多多校園內的少年、少女們。

而這一切，那位來不及長大的玫瑰少年，永遠看不到……

葉永鋕，一位曾就讀屏東縣高樹國中的國三男生。二〇〇〇年四月二十日早上，在音樂課結束前五分鐘，自己一個人去上廁所，結果被發現倒臥在血泊中，送醫不治身亡。

當所有人追究責任與原因，葉永鋕在校園長期因為「性別角色」偏見受到霸凌的問題才浮上檯面。原來，從小個性被一般人認為女性化的葉永鋕，常受到某些同學欺負，甚至在大家面前強行脫他褲子驗明正身，讓他嚇得不敢在下課時間上廁所。儘管多次向學校反映，卻從未獲得改善，最終導致憾事發生。

這份遺憾，激起了「性別平權」的意識，讓人更重視在多元社會中，每個人都應該擁有被平等對待的權利。

永鋕的意外死亡，在各方證詞與猜測下有不同版本，但無論是因個人滑倒、有人捉弄或傷害致死，普遍認為此事和學校未重視他的性別特質，以及未給予適當對待有關。

二〇〇六年，高樹國中的校長、總務主任、庶務組長等三名被告，皆以過失致死判處有期徒刑定讞。

永鈜的媽媽經過六年的司法纏訟，揭露學校從校園安全到性平教育不足的問題，也讓社會警覺這絕不是單一事件。這位偉大的母親，在《擁抱玫瑰少年》紀念文集中這麼寫道：

「我如果不繼續，怎麼能夠讓所有學校瞭解公共廁所的安全，還有像永鈜這種特質的孩子，一直都隱藏在黑暗的地方被欺負，我救不了我的孩子，但是我要救其他人的孩子，就是弱勢的小孩。」

儘管台灣從二〇〇四年就已施行《性別平等教育法》，以我當老師這些年來的觀察，很多校園的性平教育仍只停留在「兩性平等」，因此我們會聽到老師說：男生也可以哭、女生也可以搬重物、男生也要做家事、女生也可以外出工作等。

但是，一旦涉及性別少數，如LGBT——女同性戀者（lesbian）、男同性戀者（gay）、雙性戀者（bisexuality）、跨性別者（transgender），就會發現有些老師不想提起這方面的議題，課堂上只提「男」、「女」平等，而忽略了LGBT在社會上的存在與所能扮演的角色。

為什麼不提？

最常見的理由是，教育應該「中立」，同志議題在社會還沒有達成共識的前提下，不適合也不應該在課堂上提出。這些人認為把同志搬到檯面上，可能會鼓勵學生成為同性戀。這樣的說法表面上似乎沒有歧視同性戀，其實已把「成為同性戀」視做一種不希望（或不應該）發生的事。

另一個原因，則是受到保守家長施加壓力。這些家長透過學校家長會或「彩虹媽媽」等組織入校，影響學校行政。校長被施壓後，或多或少會以明示、暗示要求老師，上課時「盡可能」不要談到LGBT議題。

甚至有不少家長團體謠傳，性別平等課綱就是在教孩子「開放情慾」，教什麼男男性交、女女性交等（拜託！我們連男女性交都不會教，好嗎？）。這些謠言透過Line、Facebook等網路群組放大傳播，更讓原本安心的家長們開始人心惶惶。

這之中，最積極的莫過於「守護家庭聯盟」（簡稱「護家盟」）。他們曾發表〈高一公民課本充滿同性戀文化〉一文，指「自九七課綱之後，一股性別解放勢力不斷滲透國民中小學的性別平等教育中」，並稱許多家長憤怒表示「已忍無可忍」，強烈批判高中公民與社會科課本。

護家盟批評三民、南一、龍騰、全華、康熹、翰林等六種版本公民課本中的性別教育內容，其中包括「三民版著重瓦解兩性觀」、「南一版引導學生探索多元情慾」、「全華版支持同婚立場太超過」、「康熹版介紹《為巴比祈禱》電影引發社會對立」，並指出六種版本都使用了「異性戀霸權」、「恐同症」等用語，會引發社會對立，更質疑課本不該把同性婚姻列入人權議題。護家盟的家長成員，更是「失望到想要在家教育」。

身為高中公民教師的我，看到護家盟詳細的比較與說明，才深刻察覺，原來各版本公民課本在高一上學期第二課的「性別關係與平等尊重」寫得這麼好，也難怪不少網友轉貼文章，還表示：「感謝護家盟告訴我們現在課本已經很進步了」、「謝謝護家盟幫大家整理各版公民教科書裡的同志友善內容」等。

按現行課綱，高一公民課本須講授「多元的性別關係」，在過去觀念裡，我們會因為一個人的生理性別（sex），就理所當然地「決定」他／她這一生應該要有什麼姿態，例如「男生要有男生的樣子，女生要有女生的樣子」，但這其實是很粗糙的界定。

事實上，以性別認同（gender identity）而言，它指的是個人在心中「主觀」認定自己屬於哪一種性別，如男性、女性或者第三性，未必會與生理性別一致。而以性別氣質來說，包括「陰性或女性氣質」（femininity）與「陽性或男性氣質」（masculinity），通常人們同時具有這兩種氣質，只是所占比例不同。我們可以用光譜地帶的概念來解釋，光譜的兩端為絕對的陰性與陽性氣質，中間並列著程度差異的種種狀態，就像光線可以依折射率排列出七色彩虹的光譜。

當一個人認同陰性氣質較多者，其性別認同會傾向女性；認同陽性氣質較多者，性別認同則較傾向男性。但有些人會同時認同陰性和陽性兩種性別氣質，屬於「兩性融合氣質」。當一個人的生物性別與性別認同不一致，則稱為「跨性別」。

每個人的性別氣質表現都是個人珍貴的獨特性，都應該被尊重。一個社會若缺乏對性別多元的尊重，將會使得性別少數者受到無謂的歧視，甚至霸凌。葉永鋕同學當年就是這樣被犧牲的。

最後是性傾向（sexual orientation），指一個人對特定性別的感情與性吸引力的傾向。根據這個定義，大致可分為三類：異性戀（傾向與自己不同性別者）、同性戀（傾向與自己相同性別者）、雙性戀（傾向包括與自己性別不同和相同者）。但事實上性傾向是多元的，性學學者金賽（Alfred C. Kinsey）即認為性傾向如光譜般有連續性，不是非此即彼的。

公民課本說了這麼多，就是要告訴學生與家長，個人擁有的特質相當多元，展現在性別上也是如此。非異性戀者常受到汙名化對待，正反映出人們無法接納個別差異的心態。

二〇一五年，歌手蔡依林在演唱會播放《不一樣又怎樣》的紀錄影片，舞台上，她對所有歌迷說[7]：

「非常謝謝葉媽媽，因為永鋕的人生非常短暫，卻給我們很大的教育意義。其實，包括我自己在內，從小到大，我們都在尋找大家的認同；這社會認同我嗎？老師認同我嗎？我的朋友認同我嗎？我的家人認同我嗎？

我們被教育著什麼叫正常，什麼是對的，但是很少被教育我們要有一顆包容心，學會接納。我相信永鋕跟媽媽說他在學校發生的事的時候，他其實也在懷疑自己。所以他的故事也希望鼓勵大家，多一份包容心，先認同你自己，也許你真的不一樣，但是，那又怎樣。

我真的非常感謝每一個故事裡面的主角，給大家，包括我自己，非常多的提醒，尤其身為演藝人員，更需要大家的認同。但是，當我自己不認同我自己的時候，我自己也會迷失方向，我希望，如果你周遭也有這些朋友需要幫助，請你打開你的心，伸出你的雙手。」

而今，制度與規範仍以年齡、性別設下束縛與侷限，教育現場仍未完全落實性別平等。如果，你跟我一樣不滿意現在的性別教育，請關注每年在各縣市舉辦的同志遊行，社群網路分享也好，走上街頭更棒，讓我們一起發聲。

我也會以教師的身分，更加關心性平課綱，因為我知道，要扭轉歧視、消除霸凌，性別平等教育很重要。而事實上，孩子們的教育已很成功，反而是大人的教育不能等！

二、破除護家盟的謠言與誤解

同性婚姻該不該合法化？對社會產生什麼不利影響？

立法委員提案要將《民法》第九七二條「婚約應由男女當事人自行訂定」，改為「婚約應由雙方當事人自行訂定」。同時也將一併修法，讓同性和異性的婚姻權利義務、父母與子女間的權利義務相同；收養子女也不能因性別認同、性傾向等有所歧視。

7. https://www.youtube.com/watch?v=V_M9Zld2QAY

反同性婚姻的護家盟因此提出許多似是而非的理由，其中存在許多謬誤，我認為事實真相不能被混淆，必須一一澄清：

（一）「人權不能作為同性戀者締結婚姻的理由，同性戀婚姻與人權無關，不認同以人權的口號或概念就全面法制化。」

跟護家盟談人權常常令人感到很無力。如果人權不是結婚的理由，相愛總該是理由吧？如果男女可以因為相愛而組成家庭，為什麼男男或女女不行？每個人都應該擁有愛人的權利，就像我們常說的「願天下有情人終成眷屬」。試問誰有權力去阻止別人愛人的權利？「我可以，但你不行」這種說法已經是歧視了。

（二）「同性戀者婚約沒有夫妻的稱謂，若修改民法，傳統婚姻關係必須比照辦理，目前夫妻、父母的稱謂都沒了，將使得傳統人倫與輩分的倫理架構崩解，衝擊人類精神文明。」

如果只是在意稱謂問題，請放心，同性婚姻一樣可以互稱對方丈夫或妻子，孩子一樣可以稱長輩為爸爸或媽媽。傳統人倫與輩分依然存在，媳婦或女婿的稱謂也不會改變。這也不會讓亂倫或多P合法化，仍然是「兩人」才能結婚。

我國民法親屬編，基於優生學及倫常觀念的考慮，特別在第九八三條規定：

與下列親屬不得結婚：

直系血親及直系姻親。

旁系血親在六親等以內者。但因收養而成立之四親等及六親等旁系血親，輩分相同者，不在此限。

旁系姻親在五親等以內，輩分不相同者。

前項直系姻親結婚之限制，於姻親關係消滅後，亦適用之。

第一項直系血親及直系姻親結婚之限制，於因收養而成立之直系親屬間，在收養關係終止後，亦適用之。

這個關於亂倫婚姻無效的規定，嚴格到什麼程度呢？不但爸爸不能與女兒結婚，沒血緣關係的女兒與繼父也不能結婚。至於擬制血親，養父縱使終止與養女的收養關係，也不能與之結婚。

(三)「同性婚姻法制化，等同國家用公權力認同、鼓勵同性間的性行為，堅決反對

不當以公權力嘉許一種極具爭議的關係。」

什麼樣的行為叫做值得嘉許？什麼樣的行為不值得嘉許？如果護家盟因為覺得同性戀間的性行為不合理而堅決反對，那我反問：如果有人覺得護家盟間的性行為不合理，這些人也可以堅決反對國家「嘉許」護家盟這種極具爭議的關係嗎？

(四)同性婚姻不符合未成年子女的最佳利益。在一個具有長期承諾、穩定、受法律保障的一男一女的婚姻關係中，子女最有可能得到其父母良好照顧及教養。

事實是，我國《民法》對於收養規定極其嚴謹，除了至少要大於被收養人二十歲，被收養人如果未成年，還須得到其法定代理人的同意。此外，收養人還要準備收養契約、財力證明等文件，法院會命社會局或兒童福利機構至收養人及被收養人家中進行訪視，並完成訪視報告供法院審酌。經過重重把關，才能開庭做出認可收養的裁定。

沒有任何證據顯示，異性戀夫妻教出來的小孩就會比同性戀家庭優秀。遍查社會刑事犯罪案件，往往家庭功能失調的都是護家盟所謂「正常」的一夫一妻家庭。連我教的高中生都直接吐槽：「那單親家庭怎麼說？」「阿公、阿嬤帶大的家庭怎麼說？」「育幼院的孩子呢？」

這種一夫一妻婚姻下才有良好教養的論述，已經不單單針對同性戀家庭了，甚至歧視所有的弱勢家庭，是一種認為自己的家庭生活型態才是模範的菁英觀點。

（五）同性婚姻不具自然生育的可能性，不利於台灣的家庭延續與人口發展。台灣少子化問題嚴重，生育率快速下降，在全球排名中敬陪末座。

這論點就像某位演員在獲得金鐘獎時說的：「我不會支持同性戀，因為這會造成人類的滅絕。」是不是搞錯什麼了？同性戀本來就不會生小孩呀，幾千年來都是如此。人類若真滅絕了，從來不會是同性戀者的錯，而是因為異性戀者不生小孩。否則，同性伴侶一直都存在，怎麼過去都沒聽過全球因此少子化？

少子化的原因很多：工商業社會不像農業社會需要大量勞動力、現代社會男女學歷高卻較晚婚、低薪資加上高房價讓人不敢結婚生子等。護家盟這些牽強的理由，就是公民課本上典型的「異性戀霸權」（heterosexual hegemony）：由於社會上絕大多數人都是異性戀者，因此他們強勢建構了一套規則，把愛情、性行為、結婚、生育這四種元素串聯在一起，從生理學的角度制定社會性別，視「生殖」為核心價值，將性行為與性角色固著化，只容許男、女兩性存在，而禁制超出兩性角色的現象。

如果你沒有遵守這套規則，就是違反主流社會的期待。這套論述其實不只針對同性戀者，它隱含的意思是，就算你是異性戀者，只要沒有結婚，或者已婚卻沒有生育子女，抑或結了婚卻離婚，你就是錯誤、失敗的。

這種霸權思維若不予以破除，終將演變為「恐同症」（homophobia），歧視、霸凌，甚至迫害應運而生，就像有些國家會以法律處罰同性戀者。在此要提醒各位異性戀者，依照「異性戀霸權」的邏輯，當你有天也成為「失敗者」，法律一樣可以處罰你。

我相信同性婚姻即便合法化了，護家盟的反同逆流仍會化身成不同樣貌出現在社會的各個角落。唯有真正落實性別平等教育，徹底根除「恐同症」幽靈，平權運動才算大功告成。

三、德國已省思，台灣還不懂歧視會殺人？

以下是反對同性婚姻組織「中華世界大同幸福勞動聯盟」在凱達格蘭大道集會時發布的「反同婚！訴公投！」文宣品：

1.女生廁所出現男人，妳報警不再有人理妳。
2.三溫暖女性房有人掏出男性生殖器也是合法。
3.你的太太、女兒受邀請喝完飲料失身，法律將判自願發生性關係，所以無罪。
4.男同志自認為女人，留在你家和你太太過夜，你將沒有理由拒絕他們。
5.女同志和妳先生住在一起，妳無權干預。
6.黑道分子完全漂白，性伴侶解放，特種行業到處設立，婚姻伴侶搞不清楚。
7.男人、女人除了婚姻關係之外，都可以另外擁有性伴侶。
8.台灣愛滋病患比例必然急遽增加，全民健保醫療負擔必然增加。
9.童男童女都可以「依其意願」與人性交，性侵犯全無罪。

近年由於支持同志婚姻的聲音愈來愈多，甚至年輕一代挺同都漸漸成為社會主流，反同人士也隨之進化，他們不會公然表示反同立場，反而會說：「我很尊重同志」、「我也有很多同志朋友」，再繞一大圈以「假友善」言論讓大家恐同。例如把同性婚姻合法化和性氾濫、性侵害綁在一起，用毫無根據、憑空捏造的手段，向社會形塑同性戀的「可怕、危險」形象等，透過這些方式，激起溫良恭儉讓的家庭群起反對。

言論自由是民主國家立基的根本，理論上當然該給予尊重。但這不包括歧視性言論，深受納粹殘害的歐洲國家，即普遍認為該針對仇恨性言論予以懲罰。聯合國《公民政治權利國際公約》第二十條第二項更明定：「任何鼓吹民族、種族或宗教仇恨之主張，構成煽動、歧視、敵視或強暴者，應以法律禁止之。」

大家都聽過二次大戰時，德國納粹黨殘害六百萬猶太人的歷史。但可能有很多人不知道，當時的納粹對於同性戀者一樣不放過。

納粹為什麼反同志呢？在納粹的意識形態裡，同性戀者與國家社會主義是不相容的，因為他們「不能繁殖後代，以使優等民族不朽」。

這個「不能繁殖後代」的理由，不正和護家盟反對同性戀的理由一樣嗎？

根據統計，納粹時期德國因為同性戀罪名遭逮捕的人超過五萬名，當中大部分人被囚禁在普通監獄，估計有五千到一萬五千人被關押在納粹集中營。究竟有多少人死在集中營，目前沒有詳細資料，粗估至少有數千人。學者Rüdiger Lautmann估計關押在集中營的同性戀者，死亡率高達百分之六十。監獄中的同性戀者受到逮捕者的殘酷對待，也受到其他囚犯的迫害。

歧視是仇恨的種子——納粹屠殺的悲劇歷歷在目。

國中公民
教性別
護家萌萌
勿搞鬼
TAIWAN

「你們跟狗、豬一樣，畜牲。」

「同性戀是個罪，你們要聽清楚。」

這是二〇一六年十一月十三日護家盟的信眾們，在凱道親口對同志朋友辱罵的話。

一個希特勒是無法屠殺那麼多猶太人與同性戀者的。台大歷史系教授花亦芬在《在歷史的傷口上重生：德國走過的轉型正義之路》一書中提到，為什麼當時會掀起大屠殺？她引用德國社會心理學家哈拉爾德・韋爾策（Harald Welzer）在《加害者：尋常百姓如何變成殺人魔》一書中所提到的「得利者的群體感」：

> 當「我群／我者」與「他群／他者」的區分被主流社會的道德想像絕對化與合理化後，隨即會產生主流社會自視為「貴」，並將被排擠的社群歸類為「賤」的清楚劃分。
>
> 「我群／我者」為了自身永遠的福祉，會認為剷除這個「賤」的社群（共同生活環境裡的毒瘤）是有必要的。在這樣的思維下，主流社會就會開始透過大量宣傳、道德化論述、教育洗腦，以及對「他群／他者」的歧視與差別待遇，讓大家產生「賤者」根本不算是「人」的想法。在這樣的情況下，大規模屠殺「賤者」的悲劇就很容易發生。

二〇一一年十月三十日，新北市鷺江國中楊允承同學因個性內向且身材嬌小，平日大多和女同學玩在一起，結果遭到班上其他同學排擠，楊同學不堪同學嘲笑「娘娘腔」，留下遺書跳樓身亡。

遺書中透露，當他被人欺負的時候，曾想告訴媽媽，但爸媽總是沒空；老師雖然看見他被欺負，卻沒說什麼。「我試圖找方法紓壓，但無論看小說、動漫、聽音樂、畫畫，都不被認同，最後演變成消極自殘或睡覺，更加封閉自我，最後甚至放棄一切選擇消失。」

這就是為什麼我們一定要反對護家盟的理由，特別是身為教育工作者的老師。如果放任「恐同」的歧視言論蔓延，終將生成仇恨與霸凌。德國人已在反省，台灣人卻仍還視而不見。究竟還要犧牲多少人，才能喚醒人們的良知？

四、從此，我再也不曾踏進教會一步

「不可作假見證陷害人。」──《聖經》（〈申命記〉5:20）

十二月是溫馨的月分，街道裝飾著聖誕樹，播放著聖誕歌曲，溫馨的氣氛格外感人。記得念新竹高中時，每年十二月學校都會與新竹女中合辦舞會，同學們盛裝出席，期待有個浪漫邂逅。不過，對於宅男我，想在舞會搭訕、認識女生簡直天方夜譚。

某年的舞會剛好落在二十四日平安夜，晚上九點舞會結束，循例惆悵走在回家路上，偶然經過天主堂，裡頭正在唱聖歌望彌撒，基於無聊與好奇，我生平第一次踏進教會，並且覺得心中一片祥和。從此，每年平安夜，不論人在哪裡，我一定排除萬難去教會、教堂參加望彌撒，即便我不是基督徒，我仍喜歡親近那些良善的教友，從中感受真摯的祝福。

這個望彌撒習慣持續了十多年，直到二〇一三年十一月三十日，由極右派保守基督教會、護家盟、下一代幸福聯盟集結走上凱道反對修改《民法》九七二條，並且用粗暴手段包圍到場的同志朋友[8]，同時透過各種管道散布許多錯誤謠言。理智告訴我，我不適合再踏進教會一步。

基督徒朋友說，耶穌在兩千年前已經用行動告訴世人，他最常與社會上最弱勢、最被人唾棄的人站在一起，愛他／她們，接納他／她們，這些人是痲瘋病人、稅吏、妓女

8.《霸凌 BULLYING》https://www.youtube.com/watch?v=z2DmiYVwqjs。

等不符合律法的人。

如果連最被社會唾棄的人，耶穌都這麼愛他們，恐懼、甚至反對同性戀，不可能是耶穌會做的事。

前美國總統卡特（Jimmy Carter），曾針對美國基督徒的「恐同」，提出深切批判：

「在耶穌所處的時代，大多數的人對於痲瘋病也抱持著相同的觀念與態度……雖然如此，耶穌仍為我們立下了良好的榜樣，因為他不但伸手去碰觸他們、愛他們，還醫治了他們的病痛。可是有些基督徒與社會大眾卻無法像耶穌一樣寬待同性戀者……這種論斷、批判他人的態度經常都是受到少數幾名宗教與政治領導人的蠱惑煽動而激昂灼烈的。這種貿然的定罪行為，通常具有高度個人偏見。」

反對同性婚姻可以有歧視、看不順眼、刻板印象等個人緣由，但不能說謊。《聖經》說：「不可作假見證陷害人」，現在教會、家長網路群組裡，卻是充滿謊言。婚姻平權只在《民法》九七二條中，將「男女」改成「雙方」，讓同性婚姻合法化，異性戀家庭並不會有任何影響。

哈佛大學教授桑德爾（Michael Sandel）在《正義：一場思辨之旅》中提到，應該將同性婚姻視作道德問題，政府該不該承認同性婚姻，其實有三種政策：

1.只承認一男一女的婚姻。
2.不僅承認男女婚，也承認女女婚和男男婚。
3.任何形式的婚姻都不承認，由民間機構扮演這個角色。

就自由至上主義者而言，最好的解決方案就是讓「婚姻私有化」，從此政府不用認可與干涉婚姻，同性婚姻不會得到認可，異性婚姻也不會。但顯然地，同性婚姻的正反方都不太能接受這個「去建制化」的提議，因為婚姻有個神聖的目的（telos），具備高度榮譽與美德，而這個目的值得政府以公權力做出認證。

桑德爾引用了麻州最高法院首席法官馬歇爾（Margaret Marshall）於二〇〇三年為同性婚姻合法化所寫的判例（Goodrige v. Dept of Public Health）：「婚姻是我們社群中帶給人最多幸福，也最為人珍視的制度之一。法定婚姻不只是兩人之間的深厚承諾，也是具有高度公共性的一種慶賀，慶賀攜手、陪伴、親密、忠誠、家庭等理想。」

護家盟最常提出的論點就是同性戀不能生育，所以不能結婚。對於這樣的說法，馬歇爾法官如此駁斥：

「既不圓房也不打算圓房的伴侶可以結婚，臥病不起者也可以結婚，法定婚姻的必要條件不是生兒育女，而是一對一的永久承諾。」

我們常聽到基督徒說婚姻是神聖的，也聽說教會對於即將結婚的伴侶會有許多婚前課程，我想這都是宗教道德中「婚姻是種美德」的觀念使然。既然婚姻是一種值得表彰肯定的美德，同性戀與異性戀關係一樣，也同樣值得尊重，值得擁有美德的婚姻。基督教不應該被少數反同志的極右教派給拖累，多數良善的教會應該要站出來表態支持同性婚姻，就如同耶穌當年勇敢的善行。期待有一天，我可以再次走進教會，那裡沒有仇恨，沒有歧視，只有滿滿的愛與溫暖。

五、我是參加同志遊行的老師

「正是因為有所歧視，所以更要認識同志。」——「我支持認識同志教育」臉書專頁

曾有老師參加同志遊行後被媒體報導，結果竟有家長向市議員陳請，請教育局「了解相關狀況」。

在教育界待了這麼多年，畢業自師範大學，多數同學、學長姊、學弟妹也都是在任的學校老師，關於校園氛圍如何保守、對參與社會運動的老師有何態度，我相當清楚。

正如臉書專頁「我是兩個孩子的媽」所言：

「教育局也知道這種事情根本站不住腳，所以目前為止，應該不會造成參與教師任何權益上的損失。不過的確有人說這種事看校長的肩膀，如果校長肩膀太軟，可能撐不住無腦議員與怪獸家長。」

這些反同志的家長、民意代表，可能會迫使學校行政當局做出傷害老師的行為。

關於老師參與同志遊行或其他社會運動，可以分為「課堂外」與「課堂上」來看：

課堂外，老師究竟有無言論自由？

遍查相關法條，《公務人員行政中立法》僅規定公務員「不得於上班或勤務時間，從事政黨或其他政治團體之活動」，並未限制公務員參與社會運動。至於老師，只能算是廣義的公務員，其規範密度層級更低，《教師法》也沒有限制教師參與社會或政治活動，甚至還保障「學校不得因教師擔任教師組織職務或參與活動，拒絕聘用或解聘及為其他不利之待遇」。

顯然，老師利用假日下班時間參與同志遊行，是合乎現有法律規定的，也絕對享有言論自由保障。

課堂上，老師能否享有表達意見的自由？

《教師法》保障「教師之教學及對學生之輔導依法令及學校章則享有專業自主」，此即教師的專業自主權，除非教師「教學不力或不能勝任工作有具體事實」，否則不能解聘或不續聘。

儘管是教學專業自主權，關於老師能不能在課堂上談論社會議題，我還是很常聽到這樣的說法：「老師只要把課本教好就好，不要把社會議題帶到課堂上來，孩子年紀還小，不適合接觸這些。」

學生接受教育的目的究竟是什麼？真的只是考上高中、大學，如此而已？

要求校園遠離社會議題，如同豎立一座看不見的高牆，把牆內牆外區隔開來，引來的代價就是養出不食人間煙火的「飼料雞」，考試比別人厲害，然後呢？

教育是為學生將來出社會做準備。不論他未來的志向、職業為何，讓孩子學習一生受用、帶得走的能力，才是教師真正的本分。我認為只要老師在課堂上保持中立，提供正確資訊（而非謠言），正反意見並陳，讓學生激盪討論，多元思辨，社會議題可以是很好的教材。而且這不限於公民課，各個科目都適用。

最後，也要附帶說明，《性別平等教育法》第一條即載明立法目的：

「為促進性別地位之實質平等，消除性別歧視，維護人格尊嚴，厚植並建立性別平等之教育資源與環境。」

依據此法，我們會在學校推動性平教育，教導尊重多元性別差異，消除性別歧視。值得欣喜的是，有愈來愈多的老師願意挺身而出，甚至在臉書發起「我支持認識同志教育」活動，邀請教育工作者上傳持手牌的自拍照片，聲援「正因為有所歧視，所以更要認識同志」的理念，引起全台各地數百名在校園任教的老師們紛紛上傳照片響應。

孔子說：「德不孤，必有鄰。」感謝各位站出來支持同志教育的老師，謝謝你們勇敢為校園裡的孩子發聲。孩子們不孤單，老師你更不孤單！

後記

同性婚姻究竟該不該合法化？從二〇一三年婚姻平權法案首次通過國會一讀，並交付司法及法制委員會審查後，數年間正反兩方的論辯攻防從未止歇，甚至因為二〇一六年再次提案，引發雙方多次更大規模的集會遊行。

本章第二節清楚駁斥反同方（護家盟）的諸多論點，說明同性婚姻合法後，現有異性戀婚姻的存續完全不受影響，太陽一樣會從東方升起。既然已有許多人提出詳盡的解釋，為什麼反同方還是不罷手，依然募集大量經費，透過各級學校家長會的力量，不但阻止婚姻平權法案，還要廢除同志教育、性別平等教育？

以我多年從事社會運動的經驗，正反方論述本來就是互相競合，最終總是會產生一個折衷的版本。但是婚姻平權不同，它無關藍綠，超脫黨派，理應是較好溝通的，弔詭就在於，雙方對話卻是停擺的。正反方毫無交集，待在各自的同溫層裡，無法進行公共論述。或許這麼說太武斷，但我認為這是特定宗教信仰涉入了世俗政策所致。

政教分離是現代立憲民主國家的根本，本來就應該讓「上帝的歸上帝，凱撒的歸凱撒」。南非憲法法院前大法官奧比．薩克思（Albie Sachs），在二〇〇五年芙莉案（Fouric Case）——同性戀婚姻合法化的判決書裡清楚寫道：「在一個奉行憲法的開放民主社會，神聖與世俗之間應該要能相互尊重、共存共榮。憲法法院的功能便是確認上帝的歸上帝、凱撒的歸凱撒。主流意見對於持少數意見的人常常十分殘苦。這正是憲法和法律必須介入導正，而非強化歧視的時機。不論是對多數或少數立場，檢視的標準都必須包含其是否彰顯或傷害了人性尊嚴、平等、自由等原則。」

從護家盟的作為來看，整個婚姻平權運動已經不單單是同志可否結婚這麼簡單的事了，這背後更重要的是要從根本上去除歧視，真正接納多元性別。

至於有些政客為討好正反兩邊選民，故意打模糊仗，提出另立《同性伴侶法》專法，來「保障」同志的權利。這讓我想起電影《姊妹》（The Help）所描述，一九六〇年代美國南方密西西比州對待黑人的「隔離但平等」（separate but equal）政策——白人女雇主在戶外蓋了一間專給黑人女傭使用的廁所，滿心歡喜地告訴女傭：「有自己的廁所很棒吧？」這是歧視的最高境界，歧視已內化成理所當然，她將傭人隔離在戶外，竟然還要傭人感謝她的恩惠！

我國對弱勢族群都立有專法，比如《原住民族基本法》、《身心障礙者權益保障法》，給予更多的資源保障。但前提是，原住民族與身心障礙者並未被剝奪任何憲法所賦予的人權，這才是立專法的精神。而同志們並不需要法律給予更多資源，只是想爭取與一般人相等的權利而已。

二〇〇三年，美國麻州最高法院在宣告禁止同性婚姻法律違憲（註）的判決書裡，引用聯邦最高法院的名言來提醒世人：

「憲法的歷史就是不斷地把受到憲法保障的權利擴展到那群被社會遺忘或刻意排斥的人們身上。」

「雖然法律難以改變人們的偏見，但是法律不可以為偏見服務，更不可以使人們的偏見因法律直接或間接地產生力量。」

我很幸福，也很幸運，在二〇一六年底完成了終身大事。然而婚禮上，有許多趕來新竹參加的同志朋友，滿心祝福我的婚禮，卻連小小的結婚願望都不能實現。我誠心向天許願，終有一天，彩虹旗幟能飄揚在台灣每個角落。我也會盡我所能，讓歧視消失，讓同志成家。「真愛就像彩虹，永遠沒有盡頭」，一起努力吧，願天下有情人終成眷屬！

註：二〇一五年六月二十六日，美國聯邦最高法院裁定數十個禁止同志結婚之州的結婚禁令無效，形同在憲法層面宣告全面允許同性伴侶結婚。

第六章

房價高牆

——居住是人權，讓人人有個家

【房價高牆】

第六章　居住是人權，讓人人有個家

「在巴黎住久了，你就會知道，與建社會住宅，是城市生活幸福的起點。」

——羅惠珍，《巴黎不出售》

一、高房價已成國安風暴

「結婚，好嗎？」

這是一則房地產廣告的台詞，該物件距離內湖科技園區十分鐘，二十三坪挑高兩房。

結婚？當然好啊。但是，這樣一間套房扣掉公設頂多十五坪，最少得花一千四百八十八萬元起，還不含裝潢跟停車位。可能有人對一千四百八十八萬沒什麼概念，簡單計算一下：以貸款八成、年利率百分之二．五計算，分二十年攤還，自備款需要兩百九十八萬，每月還本利六萬三千零五十八元。

每月還本利六萬三千元是什麼意思呢？

財政部二〇一四年調查全台四百八十四萬受薪階級，全年平均薪資約五十八萬餘元（每月四．八萬元）；年薪超過百萬的占百分之十一．七五，五十五萬元以下者占百分之六十五，二十五萬元以下者占百分之二十。

就算是年薪百萬（每月薪資八．三萬）的高收入者，要靠一己之力在台北市買一間「套房」，每月還款六萬三千元，再扣掉所得稅與勞健保負擔，每月可支配所得只剩一萬元。

一萬元要在台北市生活，還要養家，可能嗎？

這還是以前端百分之十高所得者為例的計算結果。

這時可能就會有人開始說風涼話：「年輕人，好高騖遠，只想買在首善之區台北市。」其實，我們這些「外地人」也不想擠在台北啊，實在是迫不得已，很多工作機會真的只在台北市才有。

二〇一六年台北市房貸負擔率高達百分之六十二・三九。若退一步買新北市呢？負擔率百分之五十一・八一。想待在雙北市的代價，就是每月家戶可支出所得中，超過一半要拿去還房貸。

俗話說錢不是萬能，但沒有錢卻是萬萬不能：

> 一位L小姐在網路上發文表示，自己目前二十七歲，薪水只有二十六K，男友已經三十七歲了，為人善良也很正直，但是在基層服務業上班的他，月薪只有二十三K。雖然L小姐認為結婚後的家計不一定要全由男生扛下，並向男友提議可以共同存錢、一起努力，但男友卻始終不願正面答覆要不要結婚的問題，讓她不知道這段感情要不要繼續走下去。
>
> 不少網友看到這篇文章，紛紛勸L小姐趕快「放生」。有網友說：「貧賤夫妻百事哀，男友三十七歲還領二十三K，不結婚是對的！」還有更毒舌的網友說：「三十七歲還在做基層人員工作，妳還敢嫁？」

同樣是三十幾歲，我某種程度能理解L小姐男友的苦衷。別說是月薪二十三K（兩萬三千元），就算是工作穩定的學校老師，想要買房也是困難重重。我就聽過一位友校男老師，他的女友也是老師，某次帶學生參加畢業旅行時，在日月潭風景區想買一包幾百元的咖啡豆，竟然還要先打電話向女友「請示」。是為了要報公帳嗎？當然不是。

原來是因為女方家長要求，男方必須先有房子才能娶他們的女兒。於是這對相愛的小倆口，每天只能省吃儉用、拚命存錢，連要買包咖啡豆都成為一種奢侈。

《遠見雜誌》曾於二〇一五年針對二十五到六十五歲國人進行「生活壓力大調查」，結果發現三十到三十九歲的「三明治世代」壓力最大，明顯高於其他年齡層。該調查結果也顯示，這個世代對未來感到憂慮的比率最高。

我自己就是很典型的「三明治世代」，有時真覺得我們這一代人是「生不逢時」。我自學校畢業、當完兵後就出社會工作，十餘年來從沒間斷，很多人也和我一樣，認命地工作，只想買個房子、成家立業。然而，這些年來房價的漲幅，就像一堵永遠不可跨越的高牆，我們只能每天望著它，不知為何而奮鬥地一天過著一天。

光養活自己就很辛苦，更別說上要奉養父母，下還得養育子女。

說說我的好朋友Z吧。他是位通過高考的中高階公務員，太太也是公務員，照理也算是穩定的雙薪家庭，但因為夫妻都在台北市上班，買不起房，只能月租兩萬元的舊公寓。生了兩個小孩後，年紀小的每個月保母費兩萬一千元，年紀大的因為抽不到公立幼稚園，只能去讀一般（非雙語）的私立幼稚園，每個月學費平均一萬四千元，寒暑假的學費還要另計。撐到最後，Z連每個月勉強湊出的孝親費也拿不出來了。

高房價，使得這一代年輕人都成了魯蛇。

年輕人不是不願意結婚，而是連自己都快養不活了，哪敢想到未來還要付出更多養小孩的費用？

有人說「少子化是國安問題」，這句話只對了一半。高房價才是國安問題，不敢結婚、不敢生，結果就是少子化。

根據國家發展委員會的報告，台灣二〇一四至二〇一五年生育率為一．一七人，雖有微幅提高，但相較於日本一．四人、美國一．九人、法國二．〇人，台灣與南韓仍是生育率最低的兩個國家。

央行總裁彭淮南曾表示，房價所得比（購屋痛苦指數）「五倍」才算正常。然而，二

○一六年全台平均卻來到八．九七倍，其中台北市更高達十五．○七倍，新北市則為十二．五一倍。顯然全台灣都不正常了。就算今天雙北房價跌個三到四成，年輕人若沒有祖先庇蔭，或靠富爸媽贊助幾百萬頭期款，一樣買不起房。

「安得廣廈千萬間，大庇天下寒士俱歡顏，風雨不動安如山！嗚呼！何時眼前突兀見此屋，吾廬獨破受凍死亦足。」唐朝詩人杜甫，即便家裡屋頂被風吹破，房子頻頻漏水，依然不以個人利益為優先考量，反而發願為天下貧寒人士找到可以遮風避雨的房子，使他們能安居樂業，免於遭受艱苦的困境。

「人飢己飢，人溺己溺」，一個國家不應分你我。居住是最基本的生存權利，國家的未來要靠下一代。唯有讓年輕人安心成家，我們才有可能前進。

年輕人不是「魯蛇」，他們只是需要政府的支持，特別是弱勢族群，更需要政府提供足量「只租不賣」的社會住宅、公共住宅。唯有上下齊心協力，這場少子化國安風暴才有解決的可能。

二、新加坡組屋告訴我們的事

「正市中心全新三房一廳，捷運站走路八分鐘，五十層鋼骨建築，水岸第一排，頂樓空中花園廊道，多項國際建築金獎……」

想想看，這麼誘人的建案廣告台詞，若是在台北市，你願意花多少錢擁有它？或者，你覺得「得花多少錢」才能買下它？

以台北市大安區為例，二〇一五年預售新案每坪平均單價一百三十三萬元、平均公設比為百分之三十五．七，若比照日本扣除公設比與約百分之十五的附屬建物反算，則「實坪」價為每坪兩百六十九．八萬元。

以三房一廳大概相當於「虛坪」三十五坪來看，這個國際金獎新屋少說也要新台幣四千六百五十五萬元。

可是，在新加坡市中心，你只需要拿出四十萬新幣，相當於新台幣九百萬元。

不要訝異，我不是在說笑，這裡說的是新加坡「組屋」（公共住宅）的房價。請注意，二〇一五年新加坡的平均國民所得（人均GDP）可是高達五萬兩千八百八十八美元，而同一時期的台灣只有兩萬兩千兩百八十八美元。

一個國民所得是台灣兩倍以上的國家，房價竟然只有我們的五分之一?!

是的。這就是身為台灣人的悲哀。

前面的廣告台詞，說的就是這間漂亮的「達士頓組屋」（The Pinnacle @ Duxton），它是新加坡新世代高密度、垂直綠建築的公宅建築。基地約二．五公頃，容積率為百分之九百二十八，建物七棟，樓高一百五十六公尺，並有空中大平台花園相連，總戶數達一千八百四十八戶，並獲得多座國際獎項。

這房子的地段有多好？

正面就位在市中心「牛車水」（Chinatown）旁邊，背向海灣，擁有無敵海景，二十六樓跟五十樓還各有個將每棟組屋相連的空中廊道。五十樓是景觀花園，二十六樓則鋪設了五百公尺的跑道。前往探訪時，我還遇見滿身大汗、正跑完步的住戶要返家呢。

有一句話是這樣說的：「要認識新加坡，就要先認識政府組屋。」新加坡人擁房率超過九成，其中百分之八十五的新加坡公民都住在組屋。會有這麼高比率的人住組屋，當然是因為這優惠無比的價格。而且新加坡住商分離，組屋區就是純住宅區，環境單純，組屋一、二樓也會提供簡單的生活機能，如：便利商店、髮廊、小診所、簡單的餐飲店等。

最特別的是，每一座組屋本身就可以是一個自主管理的社區，而且新加坡政府對每座組屋人口組成的配額，是按照各族群在全國人口比例分配，所以華人、馬來人、印度人在組屋裡都是混居型態，以此方式避免不同族群因分居隔閡而產生誤解與衝突。

這樣的社區，樓下就是公共空間、小公園、遊樂設施，還設有幼兒園及老人安養中心，年輕人外出工作時完全不用擔心居家照顧，可以安心上班。

我的新加坡朋友告訴我，只要你是新加坡公民，政府的建屋發展局（Housing and Development Board, HDB）就會為你蓋組屋，年輕人只要結婚就可以開始申請，而且還有結婚買房補助；若是買在離父母家近的地方，還可以再享一筆補助。算算還可以再省新台幣一兩百萬元。

如果沒結婚可以買嗎？可以的，但得等到三十五歲以後才能申請。難怪新加坡年輕人都比較早婚。

每位公民一生可以買兩次全新組屋，但只能同時擁有一間組屋，組屋沒有土地權，只有九十九年的使用權，所以新加坡政府仍握有未來可進行都市計畫的所有土地，這也是新加坡的街道城市規劃能如此井然有序的重要原因。

台灣未來令人堪憂的其一主因，就是土地都賣光光了。我們的政府過去也曾蓋過二十多萬戶的國宅，但由於當初像個敗家子般，愚蠢地把公有土地都賣掉，這些國宅如今早已淪為私人炒房的工具。

不過，新加坡組屋也不是萬無一失，從他們多年的實踐經驗裡，我們可以得到幾個啟示：

（一）土地與房屋產權只能租、不能賣，絕不能淪為私人所有

前面提到的指標組屋「達士頓」，二〇〇四年推出時，四房式（S1型）售價介於新幣二十八萬八千四百元至三十九萬兩千一百元，五房式（S2型）介於新幣三十四萬三千一百元至四十五萬一千五百元。房價只有台北市的五分之一，新加坡公民當然也會踴躍抽籤申購。

但是，一旦住滿政府規定的五年最低居住年限（Minimum Occupation Period, MOP），便開始不斷有屋主求售，截至二〇一五年底，已有一百一十九個單位轉售，絕大多數

單位的轉售價與屋主當年的買價相比，至少都翻了一倍。以五房式組屋來看，最高價竟賣到一百零八萬八千元，若以當時政府售價四十五萬一千五百元來計算，這個公民竟「套利」新幣六十三萬元，相當於新台幣一千四百萬元！

社會福利應當是留給最有需要的人優先使用，抽籤式的樂透彩不但不符社會正義，更是政府賤賣國土的惡劣行為。幾年前，政府在新北市浮洲與林口推出一次性賣斷的「合宜住宅」，就是最失敗的政策。

(二) 公共住宅必須強制定期維護，確保居民安全與居住品質

由於全國有百分之八十五的人都住在組屋，當你走在新加坡任何一條街上，會看到一座又一座的組屋出現在你眼前。走近一看會發現，每座組屋的外觀除了顏色、樣式不同外，看上去都很清爽乾淨。

難道這些組屋都是新蓋的嗎？

當然不是。每座組屋都是在不同時期蓋的，但是它們都有一個共同的規定：成立社區管理委員會，收取不低的管理費，且每五年就要統一粉刷、整修一次。也因為是政府

蓋的房子，申購房價又遠低於市價行情，所以住進去的居民都心甘情願配合管委會的要求。雖然每月都要繳費，卻能確保組屋的潔淨外觀以及內部結構安全無虞。

反觀台灣，屋齡超過二、三十年，沒有管委會在管理的舊公寓、舊大廈，不僅有安全上的疑慮，醜陋的外觀也成了城市美學的最大殺手。

（三）土地徵收須有整體公益性，並且以新屋換舊屋

新加坡每座組屋居住年限長達九十九年，難道這期間政府都不能有所作為嗎？

可以的。由於組屋只授予房屋使用權，並沒有土地所有權，因此政府在照顧人民居住權利的同時，也保留了將土地重新規劃的空間。新加坡的城市規劃是很長期的，也因為政府徵收了大部分的土地，所以規劃起來比較容易。

但是，如果政府需要這塊土地，會不會在九十九年的使用期間內拆組屋，進行土地徵收？新加坡朋友告訴我，這就是所謂「整體翻新計畫」，政府會在附近興建一些組屋讓居民購買，才會把舊的重建。一般是三十至三十五年的舊樓，政府會以市價買回組屋再另加補償。

換句話說，政府會先確保人民有新屋住，不離原本習慣的生活圈太遠，再來談土地徵收。而且徵收要講求公益性，目的是為整體城市規劃，而不是圖利炒地皮的建商。

新加坡能做到，台灣一定也可以。期待我們的政府拿出魄力，抗拒建商、財團、炒房客的壓力，並以新加坡組屋的公宅建築、社區生活為範例，蓋出適宜的公共住宅，提供人民居住。

這樣，也許可以讓人民感受到，身為一個國家的人民所應享有的基本幸福吧。

三、公共住宅為什麼難以實行？因為教育失敗！

這些年來，以我從事「巢運」的經驗，原以為蓋公共住宅最缺的就是土地與資金，畢竟短期內要蓋這麼多房子，政府得先籌出一大筆錢，還要擔心將來會造成財政過大負擔。

然而，已有專家計算出來，若以每坪建造成本十萬元，平均每戶二十至二十五坪來看，蓋一戶公共住宅其實只需兩百至兩百五十萬元（土地依然是政府所有，所以土地成本為零），就算以租金最高的台北市試算，租金每坪八百元以上，其實就可以達成百分之百的自償率。當然，實際租金會按照租戶不同的經濟情況而有差別費率，通常會低於這個數字。

換句話說，蓋公共住宅可算是一種兼具社會福利性質的長期投資，當初付出的成本並不是一去不復返，而是會隨著時間慢慢收回租金的。

既然錢可以回收，又可以照顧買不起房的社會大眾，台北市政府規劃四年蓋兩萬戶、八年蓋五萬戶公共住宅，為何久久看不到具體成果？

來看看都市發展局所辦的兩場公宅說明會：

「文山區木柵段基地」說明會上，有居民批評，文山區的優勢就是文教區，若引進素質不好的居民就沒有優勢；大家未來都把文山區當成「公宅區」，房價下跌怎麼辦？

「文山區華興段」說明會上，居民表示，根據《住宅法》，社會住宅必須留一定比例給特定收容人戶。他問居民，難道願意在社區收容愛滋病患跟流浪漢嗎？

如果文教區的高素質居民認為，蓋公共住宅就會拉低居民素質。試問，若今天蓋的是每戶要價上億元的帝寶豪宅，這些有錢人鄰居是不是就可以提升居民素質呢？可是，曾有媒體人統計過，帝寶可能是全台灣犯罪率最高的社區呢[9]。

《巴黎不出售》的作者羅惠珍，其丈夫在法國大學任教，在〈我在法國住了二十年社會住宅〉一文中提到：

> 台灣「巢運」發展到仁愛路的帝寶門口時，我跟媒體朋友談起我在法國的社會住宅經驗。他很驚訝公教人員也住社會住宅，他甚至想到我們會不會覺得很……「丟臉嗎？不會。」我回答。這是一種社會共生的理念，全法國有一千萬人是住在社會住宅，很多是小康家庭，社會住宅和一般的樓房長得一樣，不是貧民窟，也不是什麼「布魯克林區」。

你不會被貼標籤，你也不會給自己貼標籤。

為什麼法國人可以，台北人卻不行？

因為教育失敗。

教育把我們教成用金錢多寡來衡量一個人的素質、定義人的價值。

事實上，不只台北，台中也有一樣的情況。台中市府規劃在西屯區青海、惠中路口的精華地段興建社會住宅，並以市價七折的租金租給弱勢戶，也同樣受到當地議員與居民的反對。

其實以台北市的規劃來看，公共住宅不但是高度安全的建築，其中低樓層公有設施包括社區公共保母、社區服務設施及老人日間照顧中心，頂樓也將會有空中花園，社區還會有公權力性質的管理委員會，整體公宅品質遠高於一般私人所有的住宅。現在隨便到街上看看，那些超過二、三十年的大樓公寓，許多陽台外推、頂樓加蓋，斑剝磁磚還可能隨時掉落，不僅破壞市容，還有安全上的疑慮。

如果能有足量的公共住宅，台灣就離居住正義不遠了。「去除歧視」的教育，正是我們的第一哩路。

四、有一百二十萬戶空屋，為何還需要公共住宅？

要求政府提供至少百分之五的社會住宅、公共住宅，是「巢運」團體一直以來的主張。我們也多次透過社會運動集結群眾，進而遊說候選人，試圖將公宅政見納入政府決策。

9.《好房網》二〇一四年十月十三日報導，全台灣的犯罪率約萬分之四，帝寶一百六十八戶中，有案在身的有十多戶，如果用數學公式來算，犯罪率是台灣平均犯罪率的兩百六十七倍。

當初建商們最怕政府打房，但是對於公共住宅卻表示贊成，因為市場不同，商品房是建商蓋給買得起的人去買，公宅則是政府蓋給買不起的人去租，兩者本來就互不影響。

如今，行政院已決定在未來八年，透過直接興建以及包租代管方式，讓公共住宅達到二十萬戶，建商卻反悔了。

有建商團體向行政院表示：「政府不宜再興建二十萬戶的社會住宅，否則會造成供給量過剩，並會使房市雪上加霜。」還提出建議：「目前全台多達一百二十萬戶的餘屋量，政府應構思如何使空屋流動，建議善用蚊子館或聯開宅，改建成社會住宅，並且只租不售，如此才能解決餘屋過多的危機。」

諸如此類的建言乍聽之下很有道理：都已經有一百二十萬戶空屋了，為何還要蓋公共住宅？

首先要反問建商，既然已經有一百二十萬戶的空屋，為何還要蓋新的建案？那些新建案首先最該停止興建，不是嗎？

同時，也希望大家想想，為什麼會有一百二十萬戶的空屋擺在那邊不賣也不租？

有次我到營建署開會，有位教授說，晚上去重劃區看都是黑壓壓一片，這些房子都沒有賣出去，放著很可惜。我馬上告訴她，其實那些房子都賣掉了，而且都是投資客在買，但是這些房子並不出租，因為租金太低了，出租還會使房屋折價。每個投資客們都在等待房價被炒高，再轉手賣掉。

空屋往往一放就是空好幾年，投資客撐得住嗎？

好友Ｊ在新北市土城有間市價約新台幣一千六百萬元的自住房屋，有次我問他，房子每年要繳的稅大概多少？他說他不知道。怎麼會不知道？原來是要繳的稅太少了，根本無感。

後來他翻了稅單告訴我，每年要繳的房屋稅只要八千一百元。為什麼會那麼少呢？因為他那間七年新屋，在政府的評定現值只值六十八萬元；而他持有的土地，政府的公告地價是十四萬五千元，所以地價稅只繳了兩百九十元。換句話說，這間一千六百萬元的華廈，一年總持有稅是八千三百九十元。

而Ｊ還有一部八十萬元的國產車，這輛車每年要繳的牌照稅與燃料稅合計就要一萬六千元。

同樣價錢的房子（五十萬美金），如果落在美國加州舊金山灣區，每年要繳百分之一・二的房產稅，也就是六千美金（約新台幣十八・六萬元），在德州新開發區域甚至要到百分之二・八。我國持有稅連美國的十分之一、甚至二十分之一都不到，難怪手上養一、二十間房的投資客比比皆是。

《二十一世紀資本論》作者皮凱提（Thomas Piketty）就曾指出：

「這種超低稅率，等於鼓勵富人買房、囤房，必須調高房產持有稅，而且應採累進稅率，讓擁有多房者每年繳很高的稅，才能達到公平目的。」

房地產為什麼該課稅？講白了，房產的價值不是取決於屋子本身，而是取決周遭公共設施的改善程度，比如道路、公園、路燈、治安，甚至捷運等。房屋的增值，是因為政府花了全民的納稅錢來造福你家，而不是你個人的「投資眼光精準」。所以，國父孫中山才會主張要「照價徵稅，漲價歸公」。

《今周刊》曾於二〇一四年計算過：「台灣公告地價只有交易市價的百分之二十・一九，房屋評定現值約只有市價百分之十；若照國際標準，持有第二棟房開始用八成市價作為稅基計算，台灣持有稅一年會比現行制度增加兩千九百零八億元。」

政府直接蓋公共住宅只是第一步。這高達一百二十萬的空屋，如果可以透過稅制改革，大量囤房者課重稅，提供出租或轉作公共住宅者課輕稅甚至免稅，才能真正遏止投機炒房的歪風，讓資源做出最有效率的運用。

五、炒房與廢人

關於炒房者對，還是打房者對，歷來爭論從不曾少過。如今台灣房價已漲到連正常薪資所得者都買不起，成交量幾乎窒息，卻在此時突然興起一股救房論，好像不救房，國家就會完蛋。

跟各位分享一個真實故事：

有位網友Angela Chang，她的好友在花蓮市區開日本料理餐廳，生意非常好，卻再努力也買不起房子。五年前同類型的店面只需要一千兩百萬元，現在得要兩千八百萬元，她的店面花了好幾百萬元裝潢，得花幾年的時間才能賺回來，現在還得擔心租約五年期滿後，房東會把房子賣掉，等於是在替裝潢公司和房東賺錢。

簡單地說，這位認真打拚的餐廳老闆，辛苦了整整五年，所賺的那些錢，竟然遠遠追不上所租店面的漲幅。更悲慘的是，當初所投資的裝潢費，還可能跟著賠進去。

這是什麼荒謬的世界？

知道要怎麼讓一個人變成廢人嗎？很簡單，給這個人一份月薪五萬或十萬元的高薪工作，讓他做一件非常簡單的事，比如倒茶。讓他連續為你倒茶五年，再將他開除，這個人就會變成除了倒茶以外，失去其他能力的廢人了。

炒房也一樣。今天炒房者為什麼可以享受到這種超額暴利？除了政府的放任無能，大家都忽略了一件事——炒房者能賺錢，是建立在犧牲真正辛苦勞動者的奉獻之上。

如果把炒房也視為一項行業，從事這行的人最常掛在嘴邊的，就是他們投資眼光有多精準、如何洞察先機、掌握景氣脈動等。但實情是，台灣房地產從一九九九年起連漲十五年，這十五年間隨便一隻阿貓阿狗去買都會賺，用專業術語來講都會變成「投資眼光精準」。

這些炒房客還真以為自己是投資大師？別說笑了，不過是在背後結合大量黑心房仲，用一連串的話術與騙術，誘使辛勤工作的人們努力貸款還款，去買那些被炒高價錢的樓房罷了！

對，只能說過去這些年他們運氣真的很好，也確實讓他們吃得很飽。但是，有沒有人想過，若有一天炒房成為全民運動，花蓮那位日本料理餐廳的老闆放棄她鍾愛的沙西米，全國人民也放棄原來的工作——告訴各位，只要五年，全台灣人都會變成廢人。所以，為什麼還要救房？你想看到全國都是廢人嗎？我不想，相信你也不想。只怕黑心政客想，因為他們只看下一次的選舉，從不看下一代人的未來。這種人，就請各位用選票把他們下架吧，而且要永久下架。

別擔心，沒了炒房，台灣只會更好！

後記

「巢運」可以說是我參與社運的起家厝，當年因為不願坐以待斃，先是揪眾登記，成立「台灣居住正義協會」，進而接觸到「社會住宅推動聯盟」等居住團體，並在二〇一四年底參與了第二次無殼蝸牛運動——「巢運」。

巢運提出了許多關於「抑制高房價」的具體政策與建言，過程中，不可避免地會影響到許多建商或投資客的既有利益。我們盡可能採取溫和的立場，畢竟堅持一步到位，房市硬生生著陸，反而會對國家經濟傷害太大。

然而，當我們站出來發聲，隨之而來的冷言冷語卻「如同雪片般飛來」。多數建商團體都能理解市場的永續性，畢竟大家都是混口飯吃的；至於房仲業者，只要多次說明，當房子貴到無法成交，沒有交易就沒有佣金，高房價最後傷害到的就是房仲業本身。理性的房仲會認同我們的理念，繼續批評的，大多只是跑短線的入行新手。

比較讓人心寒的，是廣大酸民的聲音。

我曾在訪談中提到，自己工作十幾年，薪水加上稿費月入都八萬了，還是買不起房。別說台北市一間房子隨便就兩千萬元，新北市一間也要一千多萬元，我若買在新北市，貸款八百萬，未來二十年每月要還四萬多元，只剩兩三萬能生活，別說養家，養自己都有點勉強。

二〇一六年全台受僱員工每月平均薪資（加上獎金及加班費）為四萬八千七百九十元，我提到自己月入八萬的用意，是為了凸顯月收入近平均值兩倍的人都買不起房，何況是廣大的上班族？酸民們卻沒看懂我的語意，回應：「可以請調到台東教書啊」、「又沒人叫你買台北房子」、「一定要買台北市又來哭」、「又要挑高房價地段，又嫌房子貴，真噁心」。其實我的重點並不是買房。我當然可以請調到中南部，薪水並不會減少。但請想想看，有多少工作機會是台北才有的，這些朋友要如何離開台北？

即便房價略微下跌，我也不建議年輕人貿然進場成了房奴。一九九九年至今，台北市新成屋漲幅約三・七倍，新北市也漲超過三・一六倍。二〇一五年台灣房租報酬率僅剩百分之一・五七，房價租金比（Price/Rent Ratio）是全球最貴的六十四倍，意味著房東必須收租六十四年才能回本。這也是房價泡沫指標的一種，合理標準值應該低於二十倍，就連超高房價的中國與香港，也不過是三十八與三十五倍。

既然知道房租報酬率是世界最低了，就表示租比買划算太多。買房子是終身大事，不應衝動逞一時之快。這也是為什麼「巢運」一直很在意建構友善租屋環境的原因。

我們透過遊說，讓立委提出《自用房屋租賃法》草案，其中包含規範房東無正當理由不得拒絕房客續租、不能將積欠房租的中低收入戶趕走，甚至不得任意漲房租等；內政部也呼應巢運訴求，於二〇一七年起實行新的「房屋租賃定型化契約」：房東不能限制房客遷入戶籍、不能限制房客申報租金以扣繳綜所稅、明定押金最高不超過兩個月房租、違約賠償金不超過一個月租金。

最後，當然就是公共住宅的爭取。過程中，部分周邊居民磨刀霍霍，甚至結合市議員提出公營住宅「需經基地周邊直徑一公里居民多數同意」這種惡意提案。

試問，若建商要在你家附近蓋豪宅、商場、百貨公司，甚至蓋辦公大樓，難道也要經

向高牆說不

過方圓一公里居民投票同意？

議員選舉需要金錢贊助、樁腳動員，能提供這些資源的，絕不會是廣大的平凡選民，而是極少數高階層、高社經地位者。這些高階層者不但有房，往往還是擁有很多間房的大戶。未來新蓋的公共住宅品質佳、管理好、租金又低，以後年輕人不需要買房，也不用被迫去租又貴又髒的破房子，這些既得利益者當然跳腳，忙著對議員施壓。

對廣大年輕與弱勢族群而言，公共住宅是他們在居住正義汪洋中的最後一根浮木。民主政治選舉可貴之處就是「一人一票，票票等值」。既得利益者深知此點，所以他們人少但團結；廣大公民不懂，所以人多卻如同散沙。「巢運」之所以集結，就是為了讓公民知道，我們都擁有改變自己人生的能力！

第七章

給大人的一堂公民課

第七章 給大人的一堂公民課

「一個國家的繁榮，不取決於它的國庫之殷實，不取決於它的城堡之堅固，也不取決於它的公共設施之華麗。而在於它的公民的文明素養，即在於人們所受的教育，人們的遠見卓識和品格的高下，這才是真正的利害所在，真正的力量所在。」——馬丁．路德．金恩（Martin Luther King, Jr.）

一、高中生都懂的選舉公民課

二〇一六年初的立委選舉，其中全國不分區立委，是史上最多政黨參加，總計有十八個政黨角逐三十四個不分區席次。我自己從二〇一五年下半年開始，就積極輔選弱勢小黨，包括區域以及不分區立委候選人。

關於選舉，法國政治學家杜弗傑（M. Duverger）曾提出著名的「杜弗傑法則」，單一選區制的區域立委由於只有最高票一人可以當選，選民為了避免浪費選票，往往會依民調「棄保」犧牲掉小黨或獨立參選人，最後選票只會集中在兩個最大黨候選人。

我當然知道以現行制度，小黨在區域立委選舉只能擔任「炮灰」的角色，所以我把輔選重心放在全國不分區。

這種由政黨票產生的不分區立委，是依得票比例分配席次，以我國來說，超過百分之五的當選門檻就能獲得席次，小黨不需要被「棄保」，可以擁有生存機會（雖然我認為這至少要達六十餘萬票的超高門檻，是當初兩大黨聯合封殺小黨生存空間的戲碼，但這得靠未來修憲才能改變）。

就我實際接觸選民的經驗，我猜可能有一半的民眾搞不清楚原來**立委選舉有兩張票**，**一張投人，另一張投政黨**。

我就聽過一位曾擔任過教師會長的老師說：

「政黨票不是要和區域立委票投同一個政黨嗎？不然會被算廢票啊。」

我國立委選舉自第七屆（二〇〇八年）起改採混合投票制，一般稱為「單一選區兩票制」。這位老師也算是知識分子，施行兩票制後至少投過兩次票，竟還不知道政黨票可以與區域立委投不同政黨。

確實很諷刺。當大人們說高中生未滿二十歲，不能擁有投票權的時候，他們自己卻可能連選舉規則都搞不清楚。我問過我教的高中生，每個都知道兩票制，這是公民課中很基本的知識。

為什麼要改採兩票制呢？主要是因為代表性不同。區域立委代表的是各地方的利益，立委要反映選區民意，也要兼顧選民服務；不分區立委則是包括各類社團、群體的意見領袖，由於不是代表區域，也不需分心選民服務，比較能用全國整體的高度來審視專業性法案，而弱勢族群代表也比較有機會藉此方式進入國會。

這樣聽起來，這個要靠政黨票才能當選的不分區立委，重要性並不低於選民最熟悉的區域立委，甚至更為重要呢。

為什麼該返鄉投票？

可是，在輔選過程中，我發現年輕人投票意願相當低，一方面當然是因為年輕人多數在外地求學、工作，返鄉一趟要耗費許多時間和金錢。但我聽過更多的，是一些錯誤的想法：

（一）「政治與我何干？反正誰選上還不是都一樣！」

政治當然與你有關。不然，你繳的稅是繳給誰？

美國政治科學家大衛·伊斯頓（David. Easton）指出：「政治是社會價值權威性分配的過程。」這個國家當中，最有錢的其實不是那些大企業家，而是我們的政府。政府收了人民的納稅錢，有權力決定這些資源價值要怎麼分配。

這就是為什麼財團會不斷奉上政治獻金給政黨跟候選人，因為他們知道這筆投資將來會得到超額的報酬！**當弱勢者自己都不關心政治，最終政治當然就淪為財團的禁臠。**

年輕人，我知道你沒錢捐給政黨，我也沒錢。可是別忘了，我們有的是選票。財團的錢只能幫助選舉，我們的選票可是能直接決定結果的。

（二）「我們家選區的候選人兩黨一樣爛，有什麼好投的？」

正確！我也知道很多地方是兩黨一樣爛，可是別忘了，立委選舉是可以投兩票的。

由於單一選區的特性，某些選民為了不使他們最討厭的候選人當選，會選擇放棄他心中的第一志願，寧可「含淚投票」給差不多爛但勉強能接受的大黨候選人。但是，**民主不是算計，政黨票不會棄保，我們可以把票投給有理想性的進步小黨。**

根據中央選舉委員會的統計，二〇一六年光是滿二十歲、沒投過票的首投族就有一百二十九萬人，所以我們知道，重點不是年輕人沒選票，只是他們沒去投票罷了。

（三）「唉唷，反正不差我這票！」

不，就差你這一票！想想看，這些年來，你真的滿意你的生活嗎？看著永遠漲不上去的薪水、望著遙不可及的房價，年輕人不要說買房，連租屋都快成了一種奢望。

以前人家說：「選舉沒撇步，用錢買就有。」這指的當然是賄選。隨著民主深化、民智漸開，如今直接拿錢賄選的情況已較少見，但是「金錢選舉」的本質從沒改變。如今候選人改變形式，把原本要買票的錢改成買大量的看板廣告、報紙電視廣告，加上一場又一場的造勢晚會（小的一場幾十萬，大的好幾百萬），過分點的還會免費提供千桌流水席。

憲法的「一人一票」平等投票原則，徹底被褻瀆成「一元一票」。你還不憤怒嗎？

年輕朋友們，國家的未來掌握在你自己手上，別以為自己只是無名小卒，不要認為政治離你很遠。總有一些不靠背景、不靠財團的優秀候選人，花點時間，看看他們的政見。相信自己，我們一定能改變什麼。

背上行囊，坐上返家的火車，踏上回鄉的客運。回到你可愛的故鄉，投出神聖的那一票吧。

相信你自己，這一票可以改變你的人生！

二、民主是什麼？

若問人：「民主是什麼？」最常聽到的回答大概就是「選舉投票」，接著就是那句人人朗朗上口的「少數服從多數，多數尊重少數」。總之，投票決勝負，數字最公平！

關於民主政治，政治學中有所謂「民主鞏固」，指的是人民已確信民主制度是處理公共事務的最佳方式，也願意遵從民主制度所規定的方式來參與公共事務的決定。在威權國家民主轉型的過程中，民主鞏固更顯重要。美國知名政治學者杭亭頓（Samuel Huntington）就曾以「雙翻轉理論」（two-turnover test）來作為檢驗標準，意思就是要經過兩次和平的政黨輪替，透過選舉使統治者願意依據選舉的結果放棄權力，才是貨真價實的民主。

從雙翻轉理論來看，台灣不但經歷過兩次政黨輪替，二〇一六年五月二十日更迎接第三次的政權和平轉移，簡直是民主模範國了。那麼，你對於台灣的民主滿意嗎？

台灣自詡是亞洲（或華人世界）最民主的國家，實情卻是民粹主義依然橫行，許多民眾對民主的想像仍停留在粗淺的選民服務。而我們看人的第一步則是用藍／綠、統／獨的二分法來加以標籤，難以理性溝通，更甭說思辨是非。

關於民主鞏固，我們只完成了前半段。

以下給個簡單的數學計算讓大家思考：

假設一次立委選舉經費要花費新台幣一億元（一億還算客氣了），立委任期四年，每個月薪水比照部長級待遇約為新台幣二十萬元，換算年薪約兩百七十萬元（含年終獎金），四年薪水共約一千零八十萬元。

辛苦擔任立委，四年也才賺一千零八十萬元（還沒扣所得稅，實際會更少），而你卻願意拿一億元選舉？除此之外，至少得用半年至一年的時間準備競選，花錢又費時，最後還可能落選。

既然做四年白工還要倒貼九千萬元，為什麼還是有那麼多人要參選？又為什麼最後當選的，總是這些砸大錢買廣告、辦晚會的？這裡面一定有什麼事情不對勁，而我們選民卻習以為常。

當社會還在爭論投票年齡該不該從二十歲降至十八歲時，我看到的是，**這些大人儘管擁有投票的「權利」，卻不盡然具備投票的「能力」**。

曾有位讀者這麼告訴我：

「其實，我也是出了社會後才深深感受到，台灣現行的教育只會教出沒有獨立思考的服從者。問問我讀高中的表妹：妳對什麼有興趣？以後想做什麼？

她只說：『不知道欸，目標只有考大學！』

我：『那妳對什麼科系有興趣？知道哪些學校有妳想要的科系嗎？』

表妹：『嗯……不知道欸！』

更遑論我們的大學生，很多人讀完四年，也玩了四年，把青春求知最精華、珍貴的時間虛度了！

我因工作關係，有機會接觸到韓國人，持平而論，韓國大學生相對成熟穩重。和他們談論國家政策、對總統政府的看法，驚訝地發現，他們懂好多也很有想法！我想，十八歲投票不是不可行，而是我們的教育，要教出能夠獨立思考的公民。」

瑞士，號稱是「最強公民國」，是個只有八百萬人口的小國。他們的孩子從小學便開始學習思辨，曾有記者在採訪時觀察到，瑞士的學生在上課時享有相當自由，不需事先報告就可以離開座位借文具或削鉛筆。小學生上課時只有一項原則：同一時間，只能有一個人說話。

這個教室就是整個國家的縮影：每個人都有表達意見的權利，前提是要互相尊重。瑞士沒有全國性的公民教育課程，他們將「公民意識」（citizenship）融入整體教育裡，教室裡的每一堂課，都是強調獨立思考、親身參與、尊重差異的公民課。

所以，即便瑞士每年舉辦十多次的公民投票（而且不像台灣的公投設了一堆鳥籠門檻），民眾卻能保持理性，例如一項將勞工從一年四週帶薪休假延長為六週的公投，最後卻被壓倒性的三分之二民意否決。會有這樣的表決結果，正是因為瑞士人做決定前會反覆衡量得失。又比如核廢料的最終處置，經過政府與居民長達五年的誠意溝通，公開透明的資訊交流，最後存放場鄰近居民選擇信任專業，也能以「人人為我，我為人人」的公民責任妥協接受。

如果我們期待民主可以深化，就必須正視公民意識與公民責任。唯有理性，才能找回人與人之間的信任，小小的台灣，實在禁不起一再的撕裂。

三、人權律師給我們的一堂課

說到上法庭、請律師，你首先會想到什麼？

對社會上多數人而言，一輩子要因案踏進法庭的機會少之又少，然而，一旦大禍臨頭，從收到法院傳票那一刻起，光想到後續龐大的律師費用與繁瑣的出庭程序，不要說心涼了一半，那種無助的感覺，絕非沒上過法庭的你我所能體會。

過去好長一段時間，我們都聽過「法律是有錢人的專利」這句話。這句話當然有問題，按照「法律之前，人人平等」的原則，法律怎麼會有差別待遇？

如果換成「法律是保障懂法律的人」，會不會比較合理？我看過太多例子，打官司幾乎都是請得起厲害律師的人贏。厲害的律師勢必收費高昂，有錢人才請得起，最後當然也就形塑出法律只保障有錢人的印象。

然而，紀錄片《進擊之路》告訴我們，人生不總是絕望，生命總會找到出路。

二〇一三年，一位單親媽媽因為生活困難，不滿政府施政，憤而在公開活動向總統丟鞋抗議。雖然沒有擊中，還是被總統府提告。就在此時，律師曾威凱主動向這位媽媽提出協助。當單親媽媽問起費用時，曾威凱說：「當妳丟出鞋子的那一刻，妳已經付了我律師費。」

這起案件觸動了當時人在大陸工作的導演蘇哲賢，從此開始為期三年多的《進擊之路》拍攝工程。蘇哲賢用真實的影像，將這群人權律師的身影，一次又一次地記錄下來。而串聯其中的事件，有長達十五年的鄭性澤死囚冤案，長達十六年、牽連超過一千六百名被告的關廠工人案，還有撼動軍事審判的洪仲丘下士案，當然也包括引發五十萬人走上街頭的太陽花學運。

這幾個案件都是引發社會重大關注的司法爭議。關廠工人案的一千六百名被告，國家編列了兩千多萬訴訟費來追討其債務。這些當年被工廠惡性倒閉的工人中，以年近七十歲的女工呂黃盞為例，她的先生、兒子都死了，一個人養兩個孫子，現在只能靠資源回收每月賺三千元過活，怎麼可能上法庭去對抗國家聘來的律師？她告訴義務辯護律師邱顯智：「邱律師，每次我在騎車撿回收時，因為想到被政府控告，眼淚就會一直流，根本看不清路。」

整部紀錄片還有許多與呂黃盞相似的案例，他們一次又一次深陷絕望，渺小人物的處境更是令人鼻酸。

然而，也是透過這部影片，我看見一群年輕熱血的律師，儘管沒有律師費可收，儘管是小蝦米對抗國家這隻大鯨魚，依然前仆後繼、勇往直前。就像邱顯智律師所說：

「不是因為看見希望才堅持，而是因為堅持才看見希望！」

就在台中包場放映前兩天，一位爸爸打電話到電影公司，詢問能否再增加一位觀影名額，他想帶小學四年級的女兒一同觀看。原來是因為孩子的媽媽說這部影片提到很多社會運動，覺得該讓孩子多多了解。

就公民老師的立場來看，我非常感動，因為這才是真正的公民課！公民意識不是課堂上教條般的訓練，而是一種責任、一種心甘情願——因深愛這塊土地而心甘情願為這塊土地上的人民付出的精神。

人權當然是公民課的核心，我們也都同意人權教育的重要性，問題在於，如何讓台下豐衣足食的學生們感同身受？這向來是公民課的難題。

我想《進擊之路》是一個最好的教材，這部紀錄片向觀眾傳遞最深的正是「溫度」。套句廣告詞：「課本是冰冷的，人是感情的。」唯有親眼見過，才知箇中辛酸。

我平時在課堂上，也會嘗試使用當事人現身說法的新聞畫面，因為影像有它的感染力，能適度運用畫面來說故事。透過同學們討論、思辨過程中的神情，我知道他們是有所感觸的。

有位中山女中高二的學生，在看過電影後問：「我未滿十八歲，該如何為國家的進步盡一份心力？」我想，這就是《進擊之路》所要告訴我們的：如果這位小女生能為此思索解答，你一定也可以。

守護憲
社
憲改破局
憲法已死

憲改破局
憲法已死

四、台灣最美的風景是人？

這裡不是要談人權，只是要講一個做人的道理。

有立委在質詢時，提及外籍看護工平均工時超過十三小時，平均薪資僅一萬八千七百七十元，行政部門卻對這樣的低薪麻木不仁。沒想到這番言論引來一大票網友砲轟，認為本國勞工薪水都很低，為什麼還要調漲外籍看護工薪水來增加負擔？甚至有人說外籍勞工有這樣的薪水已經很多了。

勞動部二〇一七年統計，台灣的社福外籍移工（擔任看護或幫傭）已高達二十三萬多人，但一直要到二〇一五年九月，家事外籍移工薪資才從凍漲十八年的一萬五千八百四十元調高到一萬七千元，而且仍與基本工資兩萬一千零九元脫鉤。移工的薪水之所以和基本工資脫鉤，是因為雇主要額外負擔膳宿費，而這部分可折算兩千五百至三千元。

不過馬上有人反駁：「雇主除了要付看護基本薪水，還要繳健保費、安定基金，供外籍移工吃住，生病還要帶去看病，這些林林總總加起來也約有三萬元。」實務上究竟要負擔多少，不同雇主間或有差異，但整體來說兩萬多元是跑不掉的。所以，我之前就聽過雇主說：「我每個月薪水才四萬多，移工加薪後我得付到兩萬多，家裡生活會受不了。」

這些人一貫的說法就是：「我們不是歧視移工，但國人選出來的立委，當然應該照顧本國勞工權益！」如此振振有詞，那麼請問，這二十三萬多名家事外籍移工是來台灣做什麼的？

他們是來照顧你我家中老人的，這些老人家還必須是經過「巴氏量表」鑑定生活自主能力不足的年邁長者，所以除了推輪椅、扶持、餵食這些基本工作，半夜還要定時幫忙翻身以免長褥瘡，嚴重的還得把屎把尿。

我問過學生，每天住雇主家裡，沒有隱私、週休一日的工作，一個月要多少錢才願意做？結果是給五萬元也沒人要做。

同樣的工作，如果請本國籍的看護，市場行情價至少六萬元。就以前面月薪四萬多的雇主的話來說吧，其實你大可以省下這筆費用、辭去工作，自己照顧家裡的長者。冷靜想想，你是否該感謝這些辛苦外籍移工的付出，讓你每個月家裡可以多出兩萬元的收入？飲水要思源，這是做人的道理。

網友曾分享一個故事〈不希望被歧視卻又總是歧視別人的台灣人〉，內文提到：「以前來台中玩時，朋友都會特別交代『晚上不要去火車站附近』，而且還不只一兩位這麼說！外籍移工真的有這麼恐怖嗎？」

這位網友以自己當年在澳洲打工擔任台勞的經驗，提到澳洲人並不會覺得他跟其他的移工很恐怖，可是怎麼一樣的情況放在台灣就會讓人覺得恐怖？而且台灣社會普遍認為年輕人出國歷練是種勇氣，為什麼就不覺得這些來台灣被茶毒的外籍移工們很勇敢？

這故事讓我想起有一年的伊斯蘭開齋節，台灣有三萬多名印尼籍移工齊聚台北車站慶祝，結果一位路過的檢察官在臉書po出照片，並寫下「有礙觀瞻，也會出亂子」的字句。

我在課堂上播出這段人山人海的新聞畫面時，起初有些學生的反應也跟檢察官一樣，認為該加以管制。可是，其實這就像我們參加一〇一跨年演唱會或貢寮海洋音樂祭一樣，人數還比開齋節更多，但你還是會去。你也不會認為這「有礙觀瞻」。

我們老愛說「台灣最美的風景是人」，可悲的是，只要提到外籍移工權益，「台灣最醜陋的景象」就會馬上浮現。我從不期待這些人會對移工在台灣經濟與社會福利上的付出抱持感謝之情，只希望大家至少不要有種族歧視的態度還沾沾自喜。

連高中生都知道的人權教育，或許有人不懂，但是「飲水思源」這做人的基本道理，希望每個人都懂。

五、年金改革是不可避免之痛

「我們必須清楚的是，這並非都是軍公教人員的錯，他們只是退休金制度的接受者。只是在退撫基金面臨破產危機之時，就必須做出某些妥協，不能奢求事情最後一定會有轉機，以為政府有能耐解決這個難題。」——郝充仁，《中華民國股份有限公司破產》

關於年金改革，如果可以，身為現職老師的我真希望都不要改變。在目前這套退撫制度下，我五十歲就能退休，對我最有利。但是實際數字告訴我，國家再這樣下去會破產，身為國家的一分子，我明白改革必須一起承擔。

據銓敘部精算結果，軍職人員退撫制度首先會在二〇二〇年破產，教育人員退撫則在二〇三〇年破產；最後是公務人員退撫，將於二〇三一年破產。軍公教以外，投保人數最多的勞保呢？在二〇二七年也一樣會破產。

根據《今周刊》在二〇一六年八月所做的民調，高達百分之七十五．三的民眾支持年金改革，反對的只有百分之十一．二，其中三十歲世代支持改革的更是高達百分之八十四．九。

不過，在這改革的過程中，我們也看到許多軍公教前輩的憤怒，甚至上街頭「反汙名、要尊嚴」。

數據顯示，退休公務人員平均月領五萬六千三百八十三元、退休教育人員六萬八千零二十五元、退休軍職四萬九千三百七十九元。相較於勞保平均月退一．六萬元（但這不含勞退，所以實際領到的不只如此），軍公教當然令人眼紅，特別是在國家財政困窘之時。但是，這是錯誤的制度使然。

以我自己為例，職等四百七十五點的公立學校教師，沒有十八趴優存（一九九五年已取消），月薪七萬零四百一十元，每個月要繳的公保加退撫離職儲金合計四千四百九十二元（提撥率百分之十二）。結果薪水比我高的，在勞保一個月最多只會扣到九百一十六元。

為什麼會差這麼多呢？因為勞保有所謂天花板，目前最高就是四萬五千八百元，實務上雇主更希望投保薪資低一點（用盡各種名目降低，比如交通費、午餐費等），因為他們的相對負擔（還包括百分之六的勞退）可以連帶減少。

軍公教人員因為扣繳得多，雇主（政府）也相對負擔百分之六十五的較高提撥費率，所以未來的退休金當然會高。至於勞保與勞退領得少，是因為勞工自身提撥得少（我有很多朋友都沒有自行提撥百分之六的勞退），雇主也未依實際薪資足額提撥。所以，這個投保天花板必須打開並提高，但跟軍公教無關，不應混為一談。

軍公教退休的問題在於，領太多又領太久。

退休金的用意，是為了保障我們在年老時能維持基本的生活尊嚴。問題是，有些退休高階軍公教（包括司法官）每個月領國家十幾萬元，這「照顧」會不會太豐厚了點？有人說總經理跟門房不能領一樣的薪水，我完全同意，但這指的應該是「在職期間」，退休後大家的身分都一樣，沒有道理還依過去的薪級給付高額退休金。

當然，所得替代率絕不能一體適用，大官砍的一定要多，相反地小吏甚至可以不動，切忌「肥大官、瘦小吏」。

就連前考試院長關中都說：「中高層以上的退休人員，如果退休所得每個月拿新台幣五、六萬元，社會應該還可以接受，但如果超過八、九萬元，甚至十萬的話，可能就不妥當。」

領太久（太早退休）又是另一個制度害人。以軍職來說，現行規定是滿二十年可以領月退俸，然而《陸海空軍軍官士官服役條例》訂有強迫服役年限，以少校來說，最大服役年限是二十年（中校二十四年），所以很多校級軍官明明才四十多歲，正值年輕力壯，就被強迫退伍。但因為滿二十年所以可領月退俸，以平均餘命八十歲估算，這個少校（或中校）服役二十年、四十五歲退休後，國家要養他三十五年。

教育人員現行的七五制也是。以我來說，到我五十歲那年，因為已經服務滿二十五年，可以領月退俸。假設我繼續在學校教書，月薪是八萬元，如果選擇退休，在現行制度之下可以領到五萬多元退休金，而且國家要養我三十年。我可以一邊領月退俸，一邊到私立學校兼課，甚至擔任全職教師領雙薪。

最後，用我自己十幾年前在陸戰隊當兵時看到的實際狀況，來說明現行退撫制度的缺陷：

在我退伍前幾個月，我們原本的少將旅長轉去私立大學擔任總教官，結果這個位子空了起碼兩個月。為什麼呢？因為有兩個上校都想占這個旅長缺，雙方人馬互發黑函，爭得很凶。最後，A上校當了旅長、升了少將，只待兩三個月就申請退休了。接著才由當初跟他爭的B上校擔任真正的旅長。

不只軍隊，公務員或教職人員也有類似情況，因為現行的軍公教退休金辦法，是以「最後本俸」作為計算基準，而軍公教的特性是愈資深薪水愈高，最後本俸當然就是生涯的最高薪資。制度的漏洞，讓有心人士可以在退休前用這種方式「合法」抬高退休俸[10]。

說了這麼多，為的是要提醒大家，一切都是制度害人，退休的軍公教人員不偷也不搶，不應該被汙名化。既然是制度有問題，就該回歸理性討論，該改就改。「共體時艱，相忍為國。」國家只有一個，讓下一代保有年金，才是負責任公民該有的作為。

六、沒有文化，就沒有城市

「文化資產為文化建設之基礎，先民的文化遺產永遠是後人創造的根本。」——李乾朗，《百年古蹟滄桑》

一個城市之所以可貴，絕不會是因為它住了多少人、賺了多少錢，文化資產的記憶、歷史脈絡的存續，才是城市之所以偉大的原因。

二〇一六年春節期間，台北市政府拆除忠孝橋高架引道，總算還給被遮蔽近四十年的北門古蹟一個公道。

過去很長一段時間裡，政府對於文化資產的保存根本無心又無知。原來一八八四年台北建城時是有五個城門的，一八九五年日軍進城後，一九〇〇年起總督府為了市區改正計畫，先拆了西門，結果引起當地仕紳與商家反彈，日本政府便留下現今的四座城

10. 韓國原本也是採最後薪資，現在已改成全部在職期間的平均薪資。

門。但是各位今天如果到現場看看，會發現北門跟另外三座城門（東門、南門、小南門）長得完全不一樣。

事實上，唯一保有建城「原貌」的，正是北門。其他三座城門早在一九六〇年代就被當時政府一一「整修」為代表中國正統的北方宮殿樓閣樣式，原貌盡失。政府竟「天真」到竄改古蹟形貌？這真是滑天下之大稽，難怪在一九八三年時，只有北門被正式列為國家一級古蹟，另外三座城門連個邊都沾不上。

說到這，身為新竹市人的我不免要感傷。在PTT上，網友曾票選「台灣最難玩的縣市」，第一名由桃園拿下，第二名便是新竹。網友是這麼評論新竹的：

「新竹市只有南寮跟百貨公司。」

「住住看新竹就知道，一個月之後就膩了。」

「新竹市沒老街，百貨公司都一樣。廟口是不錯，不過就那幾家。動物園非常小，海邊就南寮。」

「新竹＝美食沙漠」

新竹市舊稱竹塹城，清雍正年間，曾經是當時淡水廳廳治的所在，文化發展遠早於台北。新竹甚至還在清道光三年（一八二三年）出了全台第一位進士鄭用錫，這可是台灣入清一百餘年來，本地考生首次登科，人稱「開台進士」。這麼了不起的人，其坐落於今新竹市北門街的故居「進士第」，當然要列為國定古蹟。可是，如果實際走訪現場，我想大家都會跟我一樣訝異：堂堂的國家古蹟怎麼會破敗到如此境界？

一個外地人初次到新竹，滿懷期待探訪進士第後，有以下感想：「從內外看整座進士第，實在無法和國定古蹟聯想在一起，一般外地人若不是有心，車行路上只見一上面用鋼架支起鐵皮防止漏雨的破舊老屋，誰會想到這是開台進士鄭用錫一八三七年所建的府邸？沒有好好維護是政府的緣故？是鄭家後代子孫的因素？進士第以這種方式保存還能撐多久？」

新竹市是個不折不扣的文化沙漠城，台北至少留了個還算完整的迪化老街，近年來大稻埕也展開許多古蹟的復舊工程。

新竹市呢？我從小看到大的北門老街街屋，已經一棟棟消失，現在不是被夷為停車場（生意極好，因為附近有城隍廟小吃），就是蓋起將天際線遮得一乾二淨的二、三十層樓超高豪宅，老街樣貌早已隨著文化記憶的抹除而消失。

更令人痛心的是，當我聽說我的曾祖母原來是竹塹兩大家族林家後代（另一家當然就是鄭家），祖先林占梅曾在一八四九年蓋成「潛園」，占地二甲餘，工程費十八萬兩，被譽為台灣四大名園之一。

「潛園」後來逐漸拆除，家族裡的長輩告訴我，現在只剩下有林占梅題字的門樓及八角井。本以為好歹還留有個遺跡，結果當我興沖沖到了現場（今西大路、中山路路口）一看，連個鬼影子也沒找到，只看到一個停車場。

Google一查，查到一則〈潛園門樓怪手無預警拆除〉的新聞，原來這僅存的遺跡已在二○一二年被建商用怪手推倒。當時新聞是這麼報導的：

> 「由於門樓和八角井未列為法定文化資產，文化局只能無奈看著文化資產被破壞，但有要求建商把拆除的門樓石板、磚瓦保留下來，只能等教育部核准遷建或仿舊重建案後，再與林家後代進行『爽迎閣』及潛園門樓復建事宜。」

二○一六年聯合國教科文組織（UNESCO）公布的「世界遺產」（World Heritage）總數已經來到一千零五十二座，分布在一百六十五個會員國或地區。世界遺產分為自然遺產、文化遺產和複合遺產三大類，之所以選出世界遺產，目的在於呼籲人類珍惜、保護、拯救和重視這些地球上獨特的景點，背後象徵的不只是榮譽或旅遊金字招牌，更是對遺產保護的鄭重承諾。

台灣雖然不是聯合國會員國，但不代表我們可以就此置身事外。保存文化遺產是全體人類社會共同的責任，也是衡量一個國家社會公民素養的重要指標。國人如果還是不把文資保存當一回事，別說「台灣最難玩的縣市」，下次全世界網友票選「世界最難玩的地方」，台灣上榜也是意料中的事了。

後記

「天下沒有白吃的午餐。」——傅利曼（Milton Friedman）

民主政治不是非藍即綠，應該要讓弱勢小黨多元並存。

朋友常開玩笑，二〇一六年立委選舉，被我輔選過的都落選。我不會因此見笑轉生氣，反而覺得很光榮，我正是因為他們選不上，我才要義務幫忙。因為我在意的不是結果，而是過程中的公民素養與選舉文化。其中，新竹市選區立委候選人邱顯智，我更是投注大量心力輔選。為什麼？

每次有人問我新竹市哪裡好玩，我總是尷尬答不出來。就像本章第六節提到的，南寮放風箏、麗池玻璃工藝館、城隍廟小吃，古蹟……沒被拆掉、能端出來的剩沒幾個。我是新竹在地人，儘管新竹高中畢業後就離鄉上台北，但二十年來我仍然關心故鄉，不曾遷過戶籍。每次返家搭車從新竹火車站出來，我總是一陣感傷：平平都是城市，為何我的家鄉多年來始終沒有進步，仍是凌亂的市容、破敗的文資建築？

這些年，每逢選舉，說實話我也搞不清楚誰可以選或值得選，這次之所以讓我重燃熱情，是因為過程中，我看到故鄉久違的「社會力」。因為沒有財團願意支持，邱顯智團隊的經費來源只能依賴小額捐款。

印象最深的一次是參加邱顯智的募款餐會。通常這種選舉的募款餐會都是由幾個企業老闆或有頭有臉的地方樁腳包下來，再邀請支持者「免費」吃喝。但邱顯智的餐會不一樣，必須捐款購票才能入場，每張票兩千元（我自己也買了一張）。本以為這種一人要兩千元的場子頂多二、三十桌就很了不起，結果當天竟然高達一百桌！我甚至遇到國小同學的姊姊，她自己一個人買票參加，默默坐在一個不顯眼的角落，只在離開時跟我打了招呼。

一千名新竹小市民，之所以願意捐款給一個不認識的候選人，正是因為他們心中有夢，跟我相同的，改變新竹的夢。

住新竹的親戚告訴我，光是該次選舉，他就在家遇到邱顯智來拜票三次。這表示沒錢沒資源的邱團隊，至少土法煉鋼、徒步繞了整個新竹市三圈！但是，即便這麼努力，最後還是只得到三萬六千票而落選。

本章第二節提到，立委做四年白工還要倒貼九千萬元，為什麼還有那麼多人要參選？又，最後當選的，為什麼正好都是砸大錢買廣告、辦晚會的？台灣的選舉文化已經惡質到民眾不但無感，還視之為理所當然。

今天如果有候選人堅持不拿財團好處，不買看板廣告、不租宣傳車、不辦流水席，選民會批評你「選假的」，或「教育」你要多辦晚會、多請知名歌手來表演，還要準備每人一份紀念品、旗幟、帽子；凡是婚喪喜慶、社團、同鄉會等場合，認識也好，不認識也罷，無論如何人都要到，紅包白包更要到，這樣才叫「選真的」。

公益平台基金會董事長嚴長壽反對貿然降低投票年齡至十八歲，他認為有選舉沒有教育，就很容易被操控。公民的素養必須從討論與思辨中培養，當老師沒辦法這樣教育孩子時，孩子就沒有這樣的能力，結果必然是一場災難。他說：「我們得教育孩子先學習如何做好公民，讓他們擁有思辨的能力及懂得善用自己的權利。如果事先沒有教育，最後也只是淪為討好、利用，他們不會成為監督的力量。」

嚴長壽特別舉出希臘破產的例子，強調教育對於民主監督的重要性：「希臘政府破產，依賴歐盟救濟紓困，希臘總理反對撙節開支，卻是獲得希臘人民支持的主因，非常諷刺。」

遠的不看，看近的就知道。我國財政部國債鐘統計，二〇一六年中央政府長、短期債務合計新台幣五兆四千多億元，平均每位國民負債二十三·一萬元。如果加計軍公教退休金，以及勞保、國保、農保、地方政府積欠健保，整個政府累積潛藏負債已近十八兆元，其中軍公教占了八·一兆，勞保也占了近九兆。

這麼可怕的數字，整個台灣卻好像不痛不癢。

當我們看到政治人物拚命辦演唱會、放煙火，或爭取沒有足夠運量的捷運與大型場館時，民眾只會想到：「他們有，為什麼我們沒有？」於是各縣市民選首長任內競相討好選民，透過讓民眾「有感」的浮濫建設花費，鞏固既有的樁腳、累積自己的人脈，簡直是在做無本生意。

天下沒有白吃的午餐，羊毛一定出在羊身上。民眾可以不知，但政治人物故意裝傻，甚至配合演出，就是國家沉淪的根源。

「公共選擇理論」中的「財政幻覺」（Fiscal Illusion），是指政府的財政支出給人們帶來了好處，人們卻因此忽略了自己付出的代價。由於住家附近的公共建設是立即可以享受的，當這個經費由全民分攤，而且是逐年分攤時，每個人實際支付的其實並不多，於是會產生這種支出效益顯著而成本不明顯的「錯覺」。

更慘的是，原本應該監督政府的民意代表，因為需要為鄉親爭取很多不必要的建設（連帶炒高土地、房價），也加入了這個利益共生圈，反正地方的錢花完了還可向中央要，任期結束便換下任來接手爛攤子。

上下交相賊的結果，就是台灣等著成為下一個希臘，被犧牲的則是下一個世代。

瑞士的經驗告訴我們，成熟的公民素養是國家永續發展的關鍵。開源節流是必須，對民眾的教育更是迫在眉睫。理性思辨、多元包容的公民教育，不僅學校裡的孩子需要，出了社會的大人更需要。

美國作家克拉克（James F. Clarke）說過：「政客（politician）是為了下一次的選舉，政治家（statesman）卻是為了下一代。」如何讓全民懂得共體時艱，就是政客與政治家的差別了。

黃益中《向高牆說不》新書分享會

2017年5月6日（六）
時間：19:30
地點：誠品信義店3F Forum（台北市信義區松高路11號3F）

2017年5月20日（六）
時間：19:30
地點：誠品園道店3F藝術書區（台中市西區公益路68號 勤美誠品綠園道3F）

2017年5月21日（日）
時間：15:00
地點：誠品高雄大遠百店17F書區中庭（高雄市苓雅區三多四路21號 大遠百百貨17F）

2017年6月4日（日）
時間：14:30
地點：誠品桃園台茂店6F生活風格書區（桃園市蘆竹區南崁路一段112號 台茂購物中心）

2017年6月10日（六）
時間：14:30
地點：政大書城台南店（台南市中西區西門路二段120號）

2017年6月17日（六）
時間：15:00
地點：台中新手書店（台中市西區向上北路129號）

2017年7月8日（六）
時間：15:00
地點：政大書城花蓮店（花蓮市中山路547-2號3F）

洽詢電話：(02)2749-4988

＊免費入場，座位有限

國家圖書館預行編目資料

向高牆說不／黃益中著 --初版.--臺北市：寶瓶文化, 2017.4
面； 公分.--(Vision；146)
ISBN 978-986-406-085-6(平裝)

1.公民教育

528.3 106004754

Vision 146

向高牆說不

作者／黃益中

發行人／張寶琴
社長兼總編輯／朱亞君
副總編輯／張純玲
資深編輯／丁慧瑋
編輯／林婕伃・周美珊
美術主編／林慧雯
校對／林婕伃・劉素芬・陳佩伶・黃益中
業務經理／李婉婷 企劃專員／林歆婕
財務主任／歐素琪 業務專員／林裕翔
出版者／寶瓶文化事業股份有限公司
地址／台北市110信義區基隆路一段180號8樓
電話／(02)27494988 傳真／(02)27495072
郵政劃撥／19446403 寶瓶文化事業股份有限公司
印刷廠／世和印製企業有限公司
總經銷／大和書報圖書股份有限公司 電話／(02)89902588
地址／新北市五股工業區五工五路2號 傳真／(02)22997900
E-mail／aquarius@udngroup.com

法律顧問／理律法律事務所陳長文律師、蔣大中律師
如有破損或裝訂錯誤，請寄回本公司更換
著作完成日期／二〇一七年二月
初版一刷日期／二〇一七年四月二十七日
初版六刷日期／二〇一七年六月二日

ISBN／978-986-406-085-6
定價／二九〇元

AQUARIUS 寶瓶文化事業

愛書人卡

感謝您熱心的為我們填寫，
對您的意見，我們會認真的加以參考，
希望寶瓶文化推出的每一本書，都能得到您的肯定與永遠的支持。

系列：Vision 146 **書名：向高牆說不**

1. 姓名：＿＿＿＿＿＿＿＿ 性別：□男 □女

2. 生日：＿＿年＿＿月＿＿日

3. 教育程度：□大學以上 □大學 □專科 □高中、高職 □高中職以下

4. 職業：＿＿＿＿＿＿＿

5. 聯絡地址：＿＿＿＿＿＿＿＿＿＿＿＿＿＿＿＿＿＿＿＿

   聯絡電話：＿＿＿＿＿＿＿＿ 手機：＿＿＿＿＿＿＿＿

6. E-mail信箱：＿＿＿＿＿＿＿＿＿＿＿＿＿＿＿

   □同意 □不同意 免費獲得寶瓶文化叢書訊息

7. 購買日期：＿＿ 年 ＿＿ 月 ＿＿日

8. 您得知本書的管道：□報紙／雜誌 □電視／電台 □親友介紹 □逛書店 □網路 □傳單／海報 □廣告 □其他

9. 您在哪裡買到本書：□書店，店名＿＿＿＿＿ □劃撥 □現場活動 □贈書 □網路購書，網站名稱：＿＿＿＿＿＿ □其他＿＿＿＿＿

10. 對本書的建議：（請填代號 1. 滿意 2. 尚可 3. 再改進，請提供意見）

    內容：＿＿＿＿＿＿＿＿＿＿＿

    封面：＿＿＿＿＿＿＿＿＿＿＿

    編排：＿＿＿＿＿＿＿＿＿＿＿

    其他：＿＿＿＿＿＿＿＿＿＿＿

    綜合意見：＿＿＿＿＿＿＿＿＿＿＿＿＿＿＿＿＿＿＿＿＿＿＿＿

11. 希望我們未來出版哪一類的書籍：＿＿＿＿＿＿＿＿＿＿＿＿＿＿＿

讓文字與書寫的聲音大鳴大放

寶瓶文化事業股份有限公司

（請沿此虛線剪下）

廣　告　回　函
北區郵政管理局登記
證北台字15345號
免貼郵票

寶瓶文化事業股份有限公司　收

110台北市信義區基隆路一段180號8樓

8F,180 KEELUNG RD.,SEC.1,

TAIPEI.(110)TAIWAN R.O.C.

（請沿虛線對折後寄回，或傳真至02-27495072。謝謝）